“更好的班主任”丛书

更好的学生教育策略

赵福江 主编

上海教育出版社
SHANGHAI EDUCATIONAL PUBLISHING HOUSE

本书编委会

主　　编　赵福江

执行副主编　魏　强　曲怀志

副 主 编　魏　强　杨丙涛　周　芳　赵敏霞　刘京翠

编　　委　赵福江　魏　强　周　芳　赵敏霞　杨丙涛
陈秀娣　卞　京　曲怀志　刘京翠　李　月
师婧璇　顾　军

CONTENTS

目录

第二辑

学生行为习惯问题教育策略

第三辑

学生青春期问题教育策略

第四辑

学生家庭问题教育策略

第五辑

学生成长热点难点问题教育策略

前　言

新时代对班主任提出了新要求。

这些新要求主要有四个方面，分别是先进的班级观、正确的差异观、清晰的协同观和自觉的学习观。它们都指向同一个目的——让每个学生变得“更好”。这也是“更好的班主任”这套丛书的出版宗旨。

“更好的班主任”丛书包括《更好的班级管理智慧》《更好的班会课》《更好的心理健康课》《更好的学生教育策略》《更好的家校沟通策略》五本，涵盖班主任工作的主要方面，里面全是优秀班主任的实操经验和技术窍门，用丰富多样的典型案例，为新时代班主任提供系统的修炼指南。

第一，示范先进的班级观。教育的根本任务是立德树人。在这套丛书中，我们欣喜地看到许多班主任拥有先进的班级观，他们有的将班级比喻为社会，有的比喻为家庭，有的比喻为一个以任务为核心的团队。在《更好的班级管理智慧》中，我们可以看到优秀班主任们将立德树人这一根本任务落实在班级日常工作中，发挥个性特长，维护集体荣誉，形成了独具特色的带班方略，创建了极有魅力的优秀班级。

第二，认真践行正确的差异观。班主任带班，首要任务是尽快使班级学生形成集体，把集体建设成为一个学生勤奋学习、愉快合作、健康成长的团队。实现这一目标的前提是正确认识和理解学生间天然存在的差异，正确理解学生之间的不同特征等。个体指导须在对个体理解的基础上开展，集体建设也须在理解个体与个体之间关系的基础上开展。在《更好的学生教育策略》中，我们看到了很多班主任践行正确的差异观，实现了因材施教。

第三，保持清晰的协同观。这些优秀的班主任清晰地认识到，家庭环境和社区（社会）环境是学生成长的重要影响因素，有时这些环境的影响力甚至超过学校教育。他们还清晰地认识到，家庭和社区（社会）的影响可以通过一定的方式实现与学校教育的统一。二者的统一就是“协同”。《更好的家校沟通策略》中就有很多家校协同成功育人的精彩故事。

第四，强化自觉的学习观。班主任的自觉学习习惯会对学生产生潜移默化的深刻影响。在班级建设过程中，班主任要有一整套基于自己经验和学习获得的想法、主意、建议和见解，以便引导学生向着正确的方向成长。要带好班，班主任要不断掌握带班技术，不断提升带班能力，不断积累带班智慧。这来自坚持学习的习惯和自觉学习的精神，即来自自觉的学习观。在《更好的班会课》《更好的心理健康课》中，大家能充分感受到“自觉学习”的重要意义。

总之，这套丛书的内容，有些班主任拿来就能用，有些可供班主任参阅思考。新时代班主任，可以从这套丛书中读出到底该秉持怎样的班级观、差异观、协同观和学习观，究竟应该以怎样的方式把学生的想法放在重要位置，并充分发挥学生的想象力和创造力。

全国知名班主任研究专家　耿　申

第一辑

学生心理问题教育策略

打败问题，而不是打败孩子

一个课间，班长慌慌张张地冲到办公室，语无伦次地告诉我，小叶把小亮的牙齿打掉了。我一听，立马风风火火地奔向教室。一路上，我的脑海中回放着小叶的种种“劣迹”：上课睡觉，晚上打游戏，做作业凭心情，是全年级唯一一个数学考试得零分的。没想到学习不靠谱，其他方面也让人操心——前几天刚因为殴打同学被批评过，今天居然又犯了！

来到教室，果然一片混乱。我凌厉地瞪着小叶，他竟稳如泰山地坐着，斜眼望着我说：“是他先惹我的！”在我的重压下，他不得不陪着小亮去了医务室，我才开始了解情况。原来下课时，小叶趴在桌子上睡觉，小亮不小心惊扰了他的美梦，结果小叶二话不说，一巴掌打在小亮身上。小亮十分不服气，说：“你再打一下试试！”没想到小叶直接甩了他一记耳光……这个身高超过一米七的大个子，一巴掌甩在瘦小的小亮脸上，竟丝毫没有悔过之意。我想起他那魁梧、壮硕的身材和缺着一颗门牙的大嘴，他的形象在我眼中愈加可恨。

气愤之余，我在心里盘算着，上次他打人，我滔滔不绝说教半天，教育效果并不理想，这次我要改变策略。我没有再急着批评他，而是让他站在办公室里好好反省，腾出时间先做双方家长的工作。在和小叶妈妈沟通时，我想起他缺的那颗门牙，便问起了缘故。听完小叶妈妈的话，我唏嘘不已。

原来，小叶上小学一年级时，一次体育课上跑步，因为重心不稳，他往前扑倒，脸先着地，直接摔掉了一颗门牙，顿时鲜血直流，嘴唇破皮外翻，沾满了泥土，他疼得直哭。体育老师给他妈妈打电话，让她马上过来，之后便忙着照看其他孩子，不再理会小叶了。就这样，小叶看着掉在地上的门牙，张着肿痛的嘴，等着身怀六甲、行动不便的妈妈过来带他去处理伤口……自那以后，小叶就慢慢变了，逐渐与同学格格不入。他上课爱打瞌睡，老师就让他站在讲台上。然而，即使是站着，有时他仍然会歪着头进入睡眠状态。于是老师愤怒地拿粉笔向他砸过去，砸得多了，老师的手法变得极为精准。他被砸中时，会全身一个激灵猛然惊醒，随即看到全班同学正看着他哈哈大笑，而他那懵懂的样子则让同学们笑得更大声了，他就这样沦为笑柄……后来时间长了，大家不笑了，取而代之的是视而不见。在五年的时间里，他习惯了这一切。

听完这些，我的心久久不能平静。孩子们始终是根据自己对生活经历的感知下意识地做着决定，比如："我是好还是坏，重要还是不重要？""他们喜欢我还是不喜欢我？""这个世界是安全的还是可怕的？"……这些关于自我、他人与世界的感知会对孩子的心理产生巨大影响。

那次十几分钟的等待，我不知道小叶是怎样熬过来的。当满口是血、满脸是泪、满心是害怕与失落，却没有得到任何帮助与安慰时，他可能会下意识地问自己："我重要吗？老师爱我吗？学校安全吗？"很显然，他的经历给了他全部否定的回答。于是，那颗缺失的门牙成了这段挥之不去的痛苦记忆的印章，时刻提醒他曾经怎样被忽视过。而被罚站讲台这样没有归属感的成长经历，更让小叶坚定了自己不重要的认知。心理学家鲁道夫·德雷克斯（Rudolf Dreikurs）说，行为不良的孩子都是丧失了信心的孩子。当孩子没有归属感时，就会做出"不良行为"——为寻求归属感和自我价值感而选择错误的方式。老师在处理小叶上课睡觉这一行为时，根本没有意识到这一行为背后是小叶对自己丧失信心、对学习丧失兴趣。

想通了这些，我对小叶的气愤完全被同情与心酸取代。待家长们送小亮去医院时，我请小叶坐下。他鼻孔朝天，哼出几个字："他的成绩比我好，你当然只会帮他了！"我没有立即回答他，而是看着眼前这个大男孩，想象着他小时候的模样。我想："很多人欠他一个拥抱吧，包括我。"

于是我问道："我可以抱抱你吗？"他一惊，却不说话。

"既然你不愿意，那我可以请你抱一下我吗？"他愣住了，然后缓缓站起来，象征性地抱了我一下。

我之所以这样做，是因为在解决问题前，要先让孩子的感觉好起来。

果然，消除了敌意后，小叶愿意跟我聊一些他自己的事了。我看着他的眼睛一字一顿地告诉他："在我这儿，没有差生，只有差异生。所以，老师不会因为你的成绩针对你。是，今天我非常心疼小亮，他妈妈更是难过得直掉眼泪。而如果时光可以倒流，我也很心疼那个在体育课上摔掉牙齿的男孩，我一定会背着他冲到医务室，在旁边陪着他，不让他感到害怕……"

小叶低下头，沉默良久，迟疑地问："老师，您真的会这样做吗？"我坚定地说："一定会的！"没想到死不认错的他居然冒出一句话："老师，我错了。"

之后问题便迎刃而解，第二天我安排他和小亮述说自己的感受，倾听对方的感受，说说自己在这件事中的责任，并商量出一个大家都同意的弥补方法。小亮的大度是我始料不及的，家长也选择了原谅。我专门就这件事召开了成长系列主题班会，号召同学们帮助小叶，而不是排斥他，并让他负责开关教室里的灯，称之为"光明使者"。孩子拥有惊人的力量，如果不给他们机会以建设性的方式运用力量，他们就会以破坏性的方式运用它。这之后，小叶再也没有和同学发生冲突。又一次重新分组时，他没有被原来的小组除名，这让他高兴得直跳。

从那以后，小叶仍然经常在课堂上、考场上睡觉，但他会有意识地站起来使自己保持清醒，考试也尽力不交白卷。有时候他会跑到办公室来，静静地站在我旁边，等我发现时他才问："老师，有没有我可以帮忙的？"他会在我上公开课的那天格外精神，然后骄傲地告诉我："老师，我睡了三节课，就是为了等你的这节公开课。"我真是又好气又好笑。

中考后，小叶上了一所技术学校。国庆节，他手捧一束向日葵来看我，满脸憨笑地向我问好。他坐在我面前侃侃而谈，说到他语文成绩全班第一，说起他的人生规划。我感慨万千，谁能想到，当年他是一个多么让我头疼的孩子啊！

他走后，我郑重地将那束向日葵插入瓶中，再一次细细品味他写给我的贺卡。

亲爱的梅老师：

您好！我在四川读书，今天才来看您，请见谅！

老师，您教我三年，我觉得我们就是这朵朵向日葵，您的爱便是阳光，包围着我们，给我们温暖，又给我们光辉灿烂的自由，让我们向阳花开，谢谢您！

愿这十枝向日葵使您翻开每一天，都有一束灿烂的花、一份诚挚的祝福让您欣悦！

您的学生：小叶

2017 年 10 月 3 日

我知道，这束花开在了我的心间，时刻提醒我，这些“小叶”如同向日葵，寻找阳光、渴望温暖是他们的本能。我要和孩子们站在一起，打败问题，而不是和问题站在一起打败孩子。

>>> 梅芳 · 云南师范大学附属世纪金源学校

“怪咖”变“十佳”

上学年，年级开设了“尖刀班”，由我担任班主任。开学第一天，我看到小雷也在我班上，于是微笑着朝他点了点头，可他却视而不见。此前，我们曾在校园里遇到过几次，虽然他有些不苟言笑，但无论遇到哪位老师，他都会深深鞠躬，问一声：“老师好！”所以，我对他的印象很是不错。我想这次他也许是有些害羞，便没有多想。可接下来几天他依然如此，竟连平时的例行礼节都没有了；课堂上我主动提问他，他既不回答问题也不坐下，让我非常尴尬。

课下，有学生安慰我：“老师，您别理他，他是个‘怪咖’（闽南语，通常指脾气很古怪、有怪癖的人），好像全世界都欠他的！”尽管如此，我心里依旧带着疑惑。一天，我把小雷叫到教室外，单刀直入地问道：“小雷，我觉得咱们之间没有什么不愉快，你为什么排斥宋老师？”可他却始终抿着嘴不说话。

一、多方了解：“怪咖”之怪有隐情

吃了闭门羹的我，去向小雷的前任班主任了解情况。同事告诉我，小雷是个怪孩子，他性格孤僻，难以接近，和同学关系很僵；尽管成绩不错，可期末评选“三好学生”时，他从来都是弃权，也没人投他的票。“不过，你也别过于担心，他从来不会主动惹是生非。”最后，同事还不忘安慰我一句。

初步了解情况后，我觉得其中肯定有隐情。于是，我又联系小雷的父母。家长在言语中透露出对孩子的担心，担心孩子走入社会后无法与人正常交往，甚至放出狠话：“如果小雷能和别人正常交流，宁可不要好成绩。”我问：“在家里，小雷和你们交流吗？”家长说：“小时候还可以，可越大越难沟通。”我又问：“你们主动和他交流吗？”家长说：“有哇，可每次让他讲讲学校里的事，他就只会说‘无聊’，然后就闭口不谈了。其实，小雷的心理特别成熟，在家里最喜欢看新闻节目。”

周六，我给小雷发了一条短信：“阿雷，我是老宋，昨天读了你的作文，感觉有几处值得讨论，现在用短信来表达我的观点，可以吗？”不一会儿，短信来了——那一刻，我竟然有中彩的感觉。打开一看，只有短短六个字：“为什么不面谈？”

“我不喜欢面对你那张冰冷的脸，觉得特没成就感。”

“你这么在意别人对你的态度？”

“是啊，因为我喜欢对每个人笑，除非我不开心，或者我很讨厌那个人。”

“你现在讨厌我吗？”

“现在还不讨厌，但我感觉你讨厌我。”

“不讨厌你，周一回到学校再谈论作文的事情吧，你用手机打字应该很慢。”过了良久，他才回复。

我窃喜，有种初战告捷的喜悦，最重要的是我发现这孩子知道体贴人。

二、走进心灵：“怪咖”其实很有才

周一作文课上，我范读了小雷的作文，但没告诉学生作者是谁。文章的思路、语言和深度让班上的精英们备感佩服，他们纷纷问我这是谁的作品。我故意不看小雷，让他们猜。不承想，竟有半数学生说是我写的。我不动声色，让他们说说文章好在哪里、哪里还稍显不足。学生们畅所欲言，气氛异常热烈。小雷的同桌还主动和小雷讨论。我偷偷看了小雷一眼，从他的表情中读到一丝害羞和开心。

晚上，小雷发来短信：“老师，我的文章真的写得那么好吗？”

“嗯！”

“为什么不告诉大家我是作者？”

“我也想啊，可怕你不同意。如果你愿意，我明天就告诉他们。”

“不要！”

“为什么？怕粉丝太多，招架不了？”

“不是，我不想成为大家议论的焦点。”

“哦，原来是不自信。放轻松点儿，你有这个实力，没问题的。呵呵，早点儿休息吧，只是希望明天见到你时，你能对我笑一下。不用回，怕被拒绝。”

最后，他还是回了：“我会笑！”

第二天走进教室，我看了小雷一眼，他羞涩地朝我笑了一下。那一刹那，我竟然鼻子一酸，因为他的笑容很温暖。

当天晚上，我主动给小雷发了一条短信：“孩子，以后每天都朝我笑一下吧，你的笑很好看。”他回复道：“老师，我会的。晚安，不用回。”作为回敬，我还是回复说：“以后有好文章就发给我吧，我修改修改后去投稿。”

以后的日子里，我们经常在晚上和周末通过短信交流。小雷很有礼貌，每次都会先问我：“老师，您有空吗？”交流的内容涉及面也很广，如社会、人生、学习、成长，有时还会谈到时尚，最有意思的是他竟然还会谈论班上的女生。我在短信中开玩笑说：“你真是越来越俗气了。”他却回复：“近墨者黑！”

三、搭建平台：助“怪咖”成“十佳”

我和小雷的关系越来越好，家长开心，学生诧异，但有个话题我们一直没涉及，那就是他和同学们的交往问题。一天，我主动发短信：“小雷，聊聊？”

“我觉得，您要问我那个问题了！”他回复。

“这么敏感？”

“您已经很有忍耐力了。告诉您原因吧，我觉得那些同学太幼稚，很多人都自以为是，又很浮躁。因此，我才会采取敬而远之的态度。老师，这样不对吗？”

我思考了一下，问道：“平时，我和他们打成一片，又一起疯，是不是也给你肤浅、浮躁的感觉？”

“一开始，我以为您是那样的人，所以也不想理您，但是交往下来，我觉得您不是。”

“症结就在这里，那些同学你都没有去接近，怎能一口咬定他们肤浅？或许他们是一群‘我’呢！”

这次，他没有回复。

我见状又追问一句：“语言节快到了，男生们在排演话剧，有个蒙面怪侠的角色没有人选，要不你去试试？”

过了很久，他才回了一个字：“好！”

没过几天，班长来找我说：“老师，您要不要看看我们的彩排？小雷演怪侠演得太好了，出乎我们所有人的意料。”我笑着说：“他还能把很多事干好。作为班长，你可要多鼓励鼓励人家呀。”

语言节当天，我通知小雷的父母来观看演出。面具下的小雷时而腾跃，时而高歌，绝对是全场的亮点。虽然我看不到小雷面具背后的表情，但我却看到了小雷父母眼里闪烁着激动的泪花。

周末，小雷发来短信：“老师，谢谢您！”我问：“谢什么？”他说：“谢谢您让我成为一个幸运的人。”我回复：“别兜圈子，正炒菜呢。”他的回答既幽默又实在：“谢谢您让我重返地球，做回人类。”

去年暑假，小雷参加了学校组织的国外兄弟学校联谊活动。临行前，他发来短信：“老师，我已经把两篇自认为不错的作文发到您的邮箱里了。我是这次夏令营的队长，所以还制订了一份计划，同时发给您了，请审批。”

我回了一条：“出国，又是队长，责任重大，除了照顾好自己，还要照顾好队员，好好展示。踏出国门，每个孩子都代表中国，别给中国人丢脸！”

前不久，当我走过学校宣传栏时，“校十佳阳光学生”的照片非常惹眼，其中，小雷温暖而又阳光的笑容让我驻足良久。

>>> 宋潇潇 · 广东碧桂园学校中国部高中

400 张小纸条的温暖

一、你有什么资格说我

开学报到第一天，我看到一位妈妈蹲在女儿旁边用一种近乎讨好的表情轻声细语着什么，而女儿则是一脸的不屑和厌烦。我想，这又是一个溺爱的家长和一个被宠坏的孩子。

没想到，这个女孩竟然被分到了我的班上。她叫瑶瑶，开学不到两周，天天和女生吵架，和男生打架，女生对她敬而远之，男生叫她“女土匪”；学习状况更是糟糕，上课不听，作业不写，要是老师追得紧，她就抄袭，每天我都会收到各科老师的投诉。

有一天，她妈妈来到学校跟老师沟通她的情况，她竟当着老师的面对她妈妈吼道：“你有什么资格说我！赶紧回去，别在这儿丢人现眼！”她妈妈眼圈红了，却没有说话，只是泪光闪闪地看着女儿。办公室里的同事们面面相觑。我赶紧站起来制止了瑶瑶，然后把她妈妈劝回了家。

二、老师很想帮助你

回到办公室，我压抑着心中的愤怒，把瑶瑶带到了一个安静的空教室里。

看着这个一直在歇斯底里发泄的孩子，我做了几个深呼吸，调整了一下激动的情绪。多年的带班经验告诉我，情绪激动的时候，是不适合处理问题的。

我搬了个凳子给她：“坐吧！”

她愕然地看着我，仿佛在问：“是让我坐吗？真的吗？”

我微笑着冲她点点头。我已经从刚才的愤怒情绪中抽离出来了。

“张老师，您不是要批评我吗？”她忍不住问。

“是的，老师是要批评你！可是，老师更想知道，你为什么会有这样的表现。从开学以来，你就像发泄一样在跟所有人作对，像个刺猬一样见谁扎谁，却从没有顶撞过老师。这说明，你其实是一个很懂事的孩子。老师想知道这样懂事的孩子为什么不能和同学好好相处，为什么不能尊重自己的妈妈。你一定有自己的苦衷吧？老师还发现，你有好几次在别人不注意的角落里流眼泪。请问，我们瑶瑶到底遇到什么事了？老师很想帮助你，你能给老师一个机会吗？”

可能是我的表现出乎她的意料，也可能是我情真意切的话语打动了她，她哭了。

她哭着说：“老师，您知道吗？我从小学一年级开始就离开父母，离开家乡，到所谓的大城市去接受父母认可的良好教育！……老师，您知道吗？这是我第二次读初一了。以前因为成绩差，同学们欺负我，老师讽刺我；现在转学到咱们班上，虽然大家相互还不是很了解，但我还是自卑，在同学们面前抬不起头来。……老师，您知道吗？我快要没有爸爸妈妈了！他们在闹离婚，在我面前却装得跟没事人一样，还秀和谐，秀恩爱。我讨厌他们！”

我这才发现，原来她是那么自卑，那么没有安全感。我忽然间理解了她所有的行为和情绪，也理解了她妈妈在她面前为什么会那么隐忍，她心里对女儿一定充满了歉疚。

三、丫头，天凉了，多穿点儿衣服

我决心尽己所能帮助这个孩子。

为了增强她的自信，我组织了“今天属于你”活动，和同学们一起竭尽所能地找她的优点，赞赏她，表扬她；为了提高她的学习成绩，我成立了学习互助小组，让学习委员和她结对；为了稳定她的情绪，我诚恳地和她父母沟通，请他们不要因为自己的感情问题伤害到孩子。

我告诉她，父母对孩子的爱是永远不变的；我告诉她，要学会接受和尊重父母的选择，他们有追求自己幸福的权利；我鼓励她，要为所有爱自己和自己所爱的人努力。

为了及时了解、掌握瑶瑶的动向，我每天都会和她交流一次，哪怕仅仅是三两句话、一个动作甚至一个眼神。

有一天，因为临时开会，我来不及跟她交流，可看到衣着单薄的她又不放心，于是给她写了张小纸条："丫头，天凉了，多穿点儿衣服，别感冒了！"

据传纸条的学生说，瑶瑶看到纸条后哭了。

就这样，我们又有了一种特殊的交流方式——传纸条。她情绪不稳定时，我传纸条安慰她；她学习有进步时，我传纸条鼓励她；她学业上有问题却不好意思问时，我传纸条解答……

慢慢地，瑶瑶变了！

在集体活动中能越来越多地看到她的身影，运动会上她奋勇拼搏，艺术节上她载歌载舞；她开始主动打扫班级卫生；她和女生打排球，和男生掰手腕，大家不再叫她"女土匪"，而是叫她"女汉子"。她还会在我办公的时候站在我的身后，轻轻地给我捶背："老师，舒服吧！"而在学习上，她也一点儿一点儿地开始进步了。

四、您是我生命中最重要的人

初二下学期，她被父母送到国外读书。临行前，她说："老师，我送您一个礼物，在您办公桌的抽屉里。"

回到办公室打开抽屉，里面躺着一个精美的礼盒。上边放着一张粉色的信纸，信里这样写道："老师，两年来，您给我写了好多纸条，我都珍藏着。可是，您一定不知道，我也给您写了很多纸条，除了您看到的，还有更多您没有看到的。今天，我把这些纸条作为礼物送给您！"

打开礼盒，里面整整齐齐地放着几沓五颜六色的纸条，每一张都编了号。这些纸条的字里行间充满了对我的关心和依恋："老师，今天您穿了一条绿裙子，很好看哦！”“老师，您今天嗓音好像有些疲惫，要多注意休息！”“老师，这几天放假，没有看到您，我觉得很孤单，我觉得有您在身边的日子很幸福。”“老师，快要离开您了，虽然天天都能看见您，可是还是会思念您。越是接近离别的日子就越觉得难过，我知道老师您很爱哭，这次您可不能哭哦！我们都要高高兴兴的！”……

在最后一张编号400的纸条上，她这样写道：“在有生之年，我们会得到，失去，开心，痛苦……但是，我对老师的爱，永远不变。即使时光流逝，那些记忆也只会更加闪亮和温暖，因为您是我生命中最重要的人！”看着看着，我的眼泪就流了下来，不是因为悲伤，而是因为幸福。一种从未体验过的职业幸福感，让我对自己曾经的付出感到骄傲和自豪。

有哲人说：“教育的本质意味着一棵树摇动另一棵树，一朵云推动另一朵云，一个灵魂唤醒另一个灵魂。”我不知道，我和瑶瑶到底是谁唤醒了谁，但我们都为彼此曾经在对方生命中存在过而感到幸福。

>>> 张亚伟 · 江苏省南京外国语学校仙林分校

给孩子一点儿维生素 T

班里有个叫可馨的女生，虽然笑容常在，且一双黑亮的眼睛仿佛随时都能跟你对话，透着聪明伶俐和善解人意，但她太内向，不善表达，每次提问她时，她总是放不开手脚，一副吞吞吐吐的样子，惹得师生们都替她着急。

于是，我使出了各种办法想帮助她——课间聊天、办公室谈心、体育课师生游戏……但可馨始终比较胆怯，像挤牙膏一般，问什么才答什么。好在努力并不是我单方面的，可馨也在积极改变，敏感的她甚至内疚地在日记本上写道：

老师，其实我在家里并不是很内向，爸爸妈妈还都说我很调皮，可是不知道为什么，在学校里我总是不好意思跟老师说话。请老师放心，我会改正的！

透过蓝色的墨水，我感受到了孩子内心的压力——我太想让她活泼起来，却在无形中给她增加了负担。从失败中寻找教训，是教师的素养。怎么才能让可馨像面对父母一样轻松自在地面对老师呢？我试着翻阅各类教育书籍寻找答案。

无意中，著名主持人王芳的《最好的方法给孩子》一书中有一段文字吸引了我的眼球。王芳谈到自己怀孕时，有一次和一位儿童心理专家聊天，专家说现在的孩子营养都跟得上，不缺吃不缺穿，可唯独缺两种维生素。

王芳赶紧问："缺哪两种啊？我今天回家就买好备着。"

心理专家回答："这两种维生素都不用花钱，一种是维生素 T——

Touch（接触），爱抚孩子可以让咱家宝宝安全感好，增加感知能力；另一种是维生素 Y —— Yes（肯定）。中国妈妈经常对孩子说‘不行’，其实宝宝更需要鼓励。”

看到这里，我想起了心理学中恒河猴的实验。心理学家哈利·哈洛（Harry Harlow）让新生的恒河猴跟两个“妈妈”——铁丝妈妈和布料妈妈待在一起。铁丝妈妈的胸前安置了可以提供奶水的橡皮奶头，足以满足恒河猴的饮食需求；布料妈妈则是用绒布做成的，胸前什么也没有。用哈洛的话来说就是“一个是有着无限耐心，可以 24 小时提供奶水的母亲，一个是柔软、温暖的母亲”。

没过几天，有意思的事情发生了：恒河猴宝宝只在饥饿的时候才会跑到铁丝妈妈那里喝几口奶水，而其他时间都是与布料妈妈待在一起；当遇到不熟悉的事物，如遇到大蜘蛛威胁等时，就会跑到布料妈妈身边并紧紧地抱住它，似乎布料妈妈给了它更多安全感。也就是说，与喂食相比，身体的舒适接触对依恋的形成起着更重要的作用。

虽然哈洛的研究对象是猴子，但是这一实验的意义则可以引申到人类的母亲和婴儿的关系上。1958 年，哈洛在美国心理学会年会上宣读了一篇著名的主席当选致辞《母爱的本质》，他通过恒河猴实验证明了“母爱的本质”——母亲和孩子之间的肢体接触对亲子关系及婴儿的身心健康至关重要，婴儿需要肢体的亲密接触才能正常地发育、成长。

换句话说，母爱的本质绝对不是简单地满足孩子的饥饿和干渴的需求，它还应该包括对孩子的爱抚、接触和心理关怀。这正是那位心理专家所提到的维生素 T。

无独有偶。就在上周，可馨妈妈通过 QQ 跟我交流孩子近期的表现。在对话结束时，她发来这样一句话：“谢谢姚老师，我们家可馨可喜欢您了，上次您拉她的手，她回到家又蹦又跳的，高兴了半天呢！”

对呀，我怎么早没想到！借助反省这面镜子，虽然我注意到自己微笑时要露出“七颗牙”，讲话时要挺胸直背、话语温柔……但这些充其量只能算是维生素 P —— Polite（礼貌），而可馨和我之间缺少的，恰恰就是那最能增进师生关系的亲密接触——维生素 T。

其实，无须刻意端起教师的架子，我们对学生的喜爱也能自然流露出来：聊天的时候弯下腰拉近距离，路上遇到时主动走近些搂搂他们，亲昵地拉拉他们的小手——Touch（接触）所传递的喜爱，是孩子们实实在在能够感受到的。多给孩子们一些维生素T吧，母爱的本质是亲密接触，师爱又岂能例外？

>>> 姚姝君·山东省临沂市兰山区李官小学

只有你自己，才能决定别人看你的眼光

这是一个很优秀、很有心气的孩子，从初中开始就与好朋友相约要一起考省实（广东省实验中学），然后一起考清华，一起去哈佛——这个梦想对他们而言并不是妄想，要知道平时考试他都是全年级第一，他的好朋友则排在第二，而其他学生能争取的最好位置只是第三。

只是，我们都不是命运的预言家，中考他失利了，而他的好朋友则如愿以偿，考入省实。于是，他避开了所有熟悉的同学、老师，跨市来到我校求学。刚来到班上时，他整天独来独往，在宿舍里经常与别人起冲突；在教室里经常打断老师授课，用不是很友善的方式去质疑老师，以期博得师生的另眼相看；在球场上则不放过任何一个球，拼命搏杀。

这种与班级格格不入的我行我素和刻意表现确实给他融入新集体带来了很大障碍。我们班是个优秀班级，学生无论性格还是学业大都非常优秀，所以我一直相信他适应一段时间就会好一些。可后来接到他妈妈的电话，我才知道他的问题出在哪里：当他和同学相处时，同学偶有戏语，他接收到的信息却是——“你不是很厉害吗？那你怎么不去省实？你到这里来，也没见你考第一名啊”；他老爱问老师超纲问题，老师有时候无心说一句“这个知识点还没讲，所以你们不懂”，他接收到的信息却是——“你不是很厉害吗？怎么这么笨哪？这么简单的问题都不懂”……因为内心极度自卑与挑剔，每天他从周围感受到的都是否定和嘲讽，日子过得自然栖栖惶惶、剑拔弩张。

我找到他，说：“老师知道你远道而来，多多少少会有些水土不服。但既来之，则安之，聪明如你，怎么就不知道‘当你为错过太阳而哭泣时，你必然也会错过星星’的简单道理？你是不是应该学会放下，重新出发？”

他说："老师，我当然知道，路是要靠双脚去跋涉的。我无时无刻不在想着'振作'二字，分分秒秒都在想着努力去投入新的学习、新的学校。我确实不是一个容易相处的人，我也想改，但是每次当我想主动向大家示好的时候，感受到的氛围都没有那么友善，所以自然而然地形成了现在这个样子。正如老师您所说的，我浑身都带着刺猬般的利刺，怎么办呢？"

看着眼前身高一米八的帅气男孩一脸郁闷，扯着嗓子，撇着头，倔强地站在那里，我知道这个情绪化的男孩如果不能走出人际交往的迷障，学习和生活肯定都会受到巨大的干扰。然而，他太敏感了，可以预料，只要我一说他哪里不妥，这个"刺猬"孩子就会立刻把我放在他的对立面，然后油盐不进，怎么苦口婆心都没用。

看来，只能"曲线救国""曲径通幽"了。沉思片刻，我说："我特别能理解你的苦恼，只是老师再怎么样也不可能替你去交朋友，替你去生活。怎么办呢？要不，咱们先放松一下？来，把眉头舒一舒，听老师给你讲个故事。"

我娓娓道来：

有一个年轻人去买碗，他想挑一套上好的碗来"进贡"给未来的岳父岳母。只见他来到一个百年老店里随手拿起一只碗，然后依次与其他碗轻轻碰击，碗与碗之间相碰时立即发出沉闷、浑浊的声响。他失望地摇摇头，然后去试下一只碗……他几乎挑遍了店里所有的碗，竟然没有一只满意的。

老板很纳闷儿，问他："你为什么老是拿手中的这只碗去碰别的碗哪？这是什么意思？"他得意地告诉老板，这是一位长者告诉他的挑碗诀窍，当一只碗与另一只碗轻轻碰撞时，发出清脆、悦耳声响的，一定是只好碗。

老板恍然大悟，于是拿起一只碗递给他，笑着说："小伙子，你拿这只碗去试试，保管你能挑中心仪的碗。"

他半信半疑地依言行事。真奇怪！他拿着这只碗与每一只碗轻轻碰撞，都会发出清脆的声响。他不明白这是怎么回事，惊问其详。

老板笑着说："道理很简单，你刚才拿来与其他碗碰撞的那只碗本身就是最普通的容器，价格便宜，做工粗糙。你用它试碗，声音必然浑浊。你想得到一只好碗，首先要保证自己手里拿的必须是只好碗哪……"

讲完故事，我真诚地看着他说："就像一只碗与另一只碗的碰撞一样，一颗心与另一颗心的碰撞需要付出真诚，才能发出清脆悦耳的响声。如果你带着猜忌、怀疑甚至戒备之心与人相处，就难免得到别人的猜忌与怀疑。其实，每个人都可能成为自己生命中的'贵人'，前提是与人为善。如果你付出了真诚，就会得到相应的信任；如果你献出了爱心，就会得到尊重。反之，如果你对别人虚伪、猜忌甚至嫉恨，别人给你的也只能是一堵厚厚的墙和一颗冷漠的心。孩子，你说是吗？咱们这段时间是不是也犯了和这个年轻人一样的迷糊？是不是也拿着一颗不是那么纯粹的心去揣测别人的目光了呢？"

男孩义愤填膺的表情不见了，情绪平和了，眼睛闪烁着光芒，变得更清亮了。他说："老师，我明白了。对不起，这段时间给您、给咱们班都添麻烦了，我知道怎么办了。"

看，多好的孩子！其实，只要多给那些倔强的男孩一点儿时间，多给他们的心灵一些出口，相信他们都是善良体贴的暖男。

第二天，我看到男孩桌上的小日历上写下了这样几句话：

一个人内心怎样看待自己，在外界就能感受到怎样的眼光。

一个从容的人，感受到的多是平和；

一个自卑的人，感受到的多是歧视；

一个和善的人，感受到的多是友好的目光；

一个叛逆的人，感受到的多是挑剔的目光……

一个人若长期抱怨环境冷漠、不公、缺少阳光，那出问题的也包括他自己的内心。

毕竟，只有你自己，才能决定别人看你的眼光！

“只有你自己，才能决定别人看你的眼光！”真好！

每个人的生命里都有一只碗，碗里盛着善良、信任、宽容、真诚，也盛着虚伪、狭隘、猜忌、自私……请剔除碗里的杂质，然后微笑着迎接另一只碗的碰撞，并发出你们清脆、爽朗的笑声吧！

做一个真诚的人，自有属于自己的一片清朗月色！

>>> 林志英·广东省中山纪念中学

躲在角落里的男孩笑了

"老师，小东又打架了。"

"老师，小东骂我。"

"老师，小东用头撞墙。"

课下，培智班的孩子常到办公室找班主任林老师反映情况。久而久之，"小东"这个名字给我留下了深刻的印象。

一、尝试沟通，了解他为何独自躲在角落里

一天，我带着八年级的孩子在操场上活动。恰好，体育老师也领着培智班的孩子在操场上做丢沙包游戏。"老师，您看，小东不做游戏。"这时，培智班的小月过来向我报告。我顺着小月所指的方向看去，发现小东正抱着水杯，低着头躲在操场角落的沙坑边上。

"小东，你看今天的阳光多好哇，我们一起做游戏吧。"我走过去小声对小东说，可他仍低着头，不理我。"那我们打篮球吧，听说你投篮很准的。"我寻找他平时感兴趣的话题，可他根本不理我这块咸菜，只是低着头摆弄着沙子。"老师，要不我们丢沙包吧，小东反应最快了……"还没等小月说完，小东便把杯子狠狠地摔在地上。看着满脸怒气的小东，我呆住了。是什么让这个十四五岁的男孩充满了如此强烈的怨气？又是什么让这个男孩一个人躲在角落里？

作为一名心理辅导教师，我很想走近这个男孩。

于是，我停顿了一下，然后拾起被摔在地上的杯子，小声说道："杯子啊，杯子，你怎么惹主人生气了？快向主人说'对不起'吧。"小东瞥了我一眼，把头扭到一边。这招儿不灵，那就接着出招儿吧："我听说

小东是个讲义气的学生，很多同学都喜欢他呢。”“谁说的？我怎么不知道？”听我这么一说，小东渐渐转过身来，脸上充满了惊喜和疑惑。我见这招儿奏效，赶紧说：“真的，我听你的班主任，还有小明、小华等同学说的。我最喜欢和讲义气的同学交朋友了。”“老师，您就忽悠我吧，我才不信这些鬼话呢。”不知为何，才稍有转变，他又变得难以接近了。而接下来，不管我再谈什么话题，他都是“一切免谈”。

课后，我找到林老师了解情况。原来，小东不但学习成绩很差，还经常打骂同学，同学们都不喜欢和他一起玩，有时他便独自躲在角落里自言自语。虽然林老师也常找小东谈心，可他除了摇头，就是低头不语。面对这样的学生，林老师也颇为苦恼。

听了林老师的介绍，我更想接近这个男孩了。

二、抓住契机，找寻“自闭”的根源

一次课外活动时，我看到小东一个人呆呆地坐在教室的墙角处，其余学生则围在一起开心地看小画书。记得林老师说过，小东最喜欢看小画书和讲故事，我何不利用这一契机走近他呢？于是，我走过去和他打招呼：“你喜欢看小画书吗？”他趴在桌子上不说话。“你喜欢看《奥特曼》还是《喜羊羊与灰太狼》？”我笑着继续问他。他看了我一眼，指了指《喜羊羊与灰太狼》。“那你愿意和老师一起看吗？”我乘胜追击。“随便！”他从嘴角挤出两个字。我挨着他坐下来，小声问道：“灰太狼为什么要吃美羊羊？”“红太狼要灰太狼去捉美羊羊，回家给小灰灰吃。你怎么连这都看不懂啊？”他见我是门外汉，甚为骄傲地说。“那喜羊羊用什么办法救出了美羊羊？”我继续向他“请教”。“喜羊羊很聪明，和慢羊羊发明了很多神奇的武器，最后救出了美羊羊。”……

就这样，在我的再三“请教”下，他开始和我聊起来。“你真棒，不但书看得快，而且讲故事也很精彩。”看着兴高采烈、满脸通红的小东，我笑着说。“是吗？”他小声地问。我拍拍他的肩膀，坚定地说：“相信我的眼光！”于是，他读得更欢了。

下课了，看着孩子们都走出了教室，我悄声对小东说："能和老师说说为什么常躲在角落里吗？"他一听又低下头，沉默不语。"有什么困惑说出来，或许老师能够帮你。"我继续鼓励他。"老师，我……我……"他支支吾吾。我拍拍他的肩膀说："如果你不想说，写出来也可以。"他点了点头，拿出纸笔写了起来："我学习不好，同学们看不起我。爸爸常说我是个笨蛋。我做了错事，妈妈不让我解释，总是让我罚站。有时和同学打架了，明明是他们先打我的，可他们硬说是我先打人的。"

从小东写出来的信息中，我找到了根源——周围人对他的不全面评价强化了他的自我认知偏差，导致其自信心缺失，而其母亲的强势也让他关闭了心灵之门。在教育教学中，我们常见一些学生因自卑而躲在教室的角落里，眼神黯淡，思维独自游荡，拒绝与人沟通。如果引导不及时，他们的自卑感就会越来越重，甚至会走向边缘化。

我决定帮助小东走出困境，让他重拾自信。

三、多方合力，开启他的心灵之窗

我尝试用"悄悄话纸条"轻轻开启小东心灵的那扇窗。当我发现他有进步时，便及时表扬，让他感受到老师对他的期望。例如，当他在赛场上获得 400 米跑第二名的好成绩时，我便把写有"小小体育健将，赛场显风采，你真棒，老师为你喝彩"的纸条送给他，他一字一句地读完后，信心满满地说："我会努力的！"当他上课迟到时，我将一张写有"与时间 PK，做惜时人"的纸条递给他，他则塞给我一张写有"老师，请放心，我不会再迟到了"的纸条，然后我们会心一笑。当遇到青春期的困惑时，他也会主动给我写纸条："老师，我喜欢班里的一个女孩，我该怎样做？"我则回复说："青春懵懂，朋友之情最纯真，把这份情化为前进的动力。"小东点点头笑着说："我不再困惑了，谢谢您。"慢慢地，小纸条打开了小东的心灵之门。不管是遇到高兴事还是伤心事，小东总愿意向我倾诉，我们就此成为无话不谈的朋友。

我还在班里召开了"小东优点展示"主题班会，让同学们说说小东有哪些优点，以此激发他心中的希望和自信。

“老师，我觉得小东有时劳动很积极。”

“小东有时帮助小同学系鞋带。”

“小东跑得快，投篮也很准。”

“小东很讲义气。”

听到同学们说出自己那么多的优点，小东脸红通通的，不好意思地对我说：“老师，没想到我还有这么多优点。”“相信自己，相信大家！”我朝他做了一个加油的手势。“好，我听您的。”他笑着点了点头。

此外，我通过林老师与小东的家长取得了联系，把小东在学校的情况和家长沟通了一下，并委婉地指出，希望家长平时多与孩子沟通，给孩子说话和表达的机会，尤其是在孩子遇到困惑时，要多加鼓励，给孩子前进的勇气。家长很感激，痛快地答应了。

就这样，小东在悄悄地改变着，上课能够主动回答问题了，学习变得自信起来。经过两个多月的跟踪教育，他打骂同学的次数明显减少了，在为班级服务上表现得更为积极主动了，并担任了小组长。林老师也反映，小东愿意和他说心事了。这个躲在角落里的男孩终于笑了。

>>> 秦艳华 · 山东省临朐县特殊教育中心学校

偷窥事件发生之后……

一、偷窥事件

多年前的一个夏天，几名住校女生先后向我反映：近几天，每到晚上10点钟左右，窗外不时会有动静，像是有人在偷窥寝室。因为胆子小，她们不敢出去探个究竟。学生反映的事引起了我的高度警觉。

我在心里分析：女生寝室位于校园的西北角，墙外散落着几户民宅。晚上，墙外漆黑一片。夏天，女生穿着较少，有些学生还喜欢在寝室里洗澡。会不会是社会上的不良分子翻墙偷看女生，或者是想偷东西呢？我担心这件事如果处理不好，会影响学生的休息和安全，甚至会引发刑事案件。于是，我及时向分管校长做了汇报。同时，我也告诫女生："晚上一定要关好窗户，拉好窗帘，一旦发现异常情况，要及时与老师或保卫人员联系。"我则准备好手电筒，想在晚上前去"侦察"一番。

当晚，在确认学生全部离开教室后，我先去了男生寝室。11点熄灯之后，我径直朝女生寝室走去。临近寝室外墙时，我有意识地放慢了脚步，前方只有寝室里透出的一丝丝昏暗光线，耳边也只能依稀听到寝室里的说话声和蟋蟀等的叫声。我蹑手蹑脚地走过去，猛然发现前方的一扇窗户旁边，有人正鬼鬼祟祟地朝里面看。我没有多想，猛地用手电筒一照，三步并作两步冲了过去，声音不大但很有力："谁？你在干什么？"只见对方慌乱中朝后退了几步。借着光亮，我定睛一看，原来是我班学生小Z。那一瞬间，气愤、惊愕、恼怒充斥在我的脑海中。

"小Z！你……你这是？"我问道。

"陈老师！我……我……"小Z被这突如其来的一幕惊吓得语无伦次。

考虑到夜已深，我没有再说什么，只是叫他和我一起离开。我把他送到男生寝室门口，并嘱咐他：“快回去休息，有什么事明天再说！”

回到家中，我躺在床上，翻来覆去怎么也睡不着。这样的事情我还是第一次遇到。偷窥侵犯了别人的隐私，不仅涉及道德问题，而且涉及法律等方面的问题。当然，小 Z 的所作所为，其社会危害性应该还不算特别大。因此，经过深思熟虑，我决定先暂时替他保密，并对他进行心理疏导和思想教育，待过一段时间，再向学校做汇报。

二、心理安抚

第二天早晨，我依旧起得很早。当我下楼时，小 Z 已经在路上等着我，他脸色焦黄，目光低垂且无神，递给我一封信后，他就迅速离开了。

我打开信读起来。

尊敬的陈老师：

真的对不起您，我是个混蛋！初中三年级时，一次无意中，我看见了表妹在洗澡，从此竟染上了偷窥的恶习。但我只是想看看，绝没有其他的想法。我也知道这样做不好，总有一天会被人发现，但我就是克制不住自己。于是一到晚上，我就偷偷地跑出来。这是我第三次偷看咱们班女生寝室。实事求是地说，这三次我什么都没有看到。

陈老师，我的成绩不好，思想品德又差。昨晚，我想了一夜，准备今天就回家，我不会继续待在学校丢人现眼。在走之前，我只有一个请求，那就是请陈老师为我昨晚的丑事保密，我会永远感激您！

读罢，我的内心真可谓五味杂陈。我知道，对待这样一个学生，现在要做的绝不是一味地批评和指责，更不能简单地让他回家，就此不了了之，而要在客观指出其问题的基础上，进行耐心的思想教育和科学的心理疏导，否则，后果将会不堪设想。

想到这里，我立刻去找小 Z。此时，他正一个人坐在寝室里发呆。见我到来，他站了起来。我直截了当地告诉他："请放心，昨晚的事情我绝对会为你保密，过去的事就让它过去，但我必须指出的是：偷窥是错误的，它侵犯了女同学的隐私，给她们的学习和生活造成了负面影响，一定要做到下不为例。目前对你而言，最重要的是重新振奋精神，调整状态，把心思放在学习上。我理解你现在的处境和心情，我愿意帮助你。"

"我这样一个成绩和品德都不好的学生，学校还能要我吗？"小 Z 胆怯地问。

"你不要这样讲，学校和我都没有撵你走哇！你成绩差是事实，但如果从现在起改正缺点，调整状态，集中精力，好好学习，相信你是能够后来居上的。"我鼓励他说。

三、帮教措施

从那以后，我反复思索如何尽快采取有效措施帮助、教育小 Z，使他改邪归正。为此，我专门制订了一份详细的教育计划，其中包括他自我约束、自我教育、自我发展等方面的内容；同时，我还要求他以书面形式进行承诺。

每天晚自习放学后，我都要到男生寝室走一趟，了解小 Z 在寝室里的表现。每周末，我都主动找他聊天，对他进行心理疏导。我们在一起聊学习，话理想，叙家常，谈如何正确对待两性关系。为了巩固教育效果，同时防止其他学生出现类似的情况，我还多次在班里举办青春期性健康知识讲座和心理健康教育团体辅导，引导学生正确处理两性关系，科学对待异性和异性的身体，帮助学生树立正确的世界观、人生观和价值观。不仅如此，我还在班里组织丰富多彩的文体活动，让学生在集体活动中增长知识，陶冶情操，培养良好的心理和健全的人格。

此外，针对小 Z 数学等学科成绩较差的现状，我安排专人与他结对帮扶，还与每一位授课教师沟通，请他们多多关注他，转移他的注意力，培养他对学习的兴趣，从而让他能够迎头赶上。

渐渐地，我发现小 Z 的状态不断向好的方向转变，学习成绩也有所提高。后来，他还被同学们一致推选为班干部。于是，我及时把小 Z 取得巨大进步的消息告诉他远在广东打工的父母，希望家校携手共同教育好孩子。

苦心人，天不负。两年后，小 Z 以超过二本线十余分的成绩被一所师范院校录取。现在的他，青春阳光，积极向上，并多次获得奖学金。

偷窥事件已经过去多年，但它一直令我反思：无爱不成教。爱学生，就要爱每一个学生，要做到不歧视、不抛弃、不放弃每一个学生，要有包容学生缺点和错误的胸怀，要给他们改过自新的机会。我们要相信学生对真善美的追求，一味地处罚未必能收到良好的效果，只有采取科学有效的方法，耐心细致，有的放矢，才能促进每一个学生健康成长。

>>> 陈荒龙 · 安徽省阜阳市民族中学

爱到深处，冰心自融

11 岁，本是天真烂漫、活泼好动的年龄，但我的学生小雨却是那么与众不同。她总是眼神空洞，一脸漠然。课上，每当老师叫到她的名字时，她都会异常紧张，有时叫了三四遍，她才极不情愿地慢腾腾地站起来，而且似乎只是站起来，根本没打算回答问题。小组学习时，不管别人交流得多么热烈，她都一言不发，只是呆呆地坐在一旁。小雨就像一只孤独的小鸟，仿佛与外界的一切都隔绝了，唱不出动听的歌声，展不开美丽的翅膀。我看在眼里，急在心上。

我设法了解她的过去。原来，小雨的学习成绩一直处于班级中下等，老师和同学很少关注她，无形中使她产生了自卑感。她认为，自己是无能的、无法进步的；老师是苛刻的、令人害怕的；同学是冷淡的、不能接近的。久而久之，她不再关注学习内容，而是琢磨自身的行为会引起同学和老师怎样的反应，进而为发言和人际交往备感焦虑，总是想着如何去逃避。精神和心理上的焦虑影响了她的情绪，导致她的成绩不断下滑，引发进一步的焦虑。而心理创伤越深，她越是害怕受到伤害，越是害怕与人交往。

我深信，这样的孩子，内心是渴望被关注、被欣赏的。于是，我特意安排两个学习成绩较好、性格开朗、乐于助人的女生坐在她旁边。在我的建议下，她们努力寻找小雨的优点并及时通过聊天等方式告诉她；小组合作时，她们主动邀请小雨参加，并与她互动交流；学习上，她们也积极帮助小雨，遇到难题时与小雨一起探讨。慢慢地，我从小雨的表情与举止可以看出，她已微微感受到了同学们对她的关心与鼓励。

表面的冰雪融化了，内心的冰山该如何融化呢？一天早读时，科代表带领同学们读课文，教室里书声琅琅。我站在教室前面，听到坐在后排的小雨的声音时惊喜万分，因为我从未听过小雨发出如此响亮的声音。本来读书时间已快结束，但我又让学生继续读下去。

讲评早读时，我问学生“知道为什么老师让你们多读一遍吗”，他们回答“我们没有读好”“这一段内容很重要”……“这些都不是主要原因，是因为小雨同学”。一听到小雨的名字，大家的眼神齐刷刷地聚焦到她的身上。见此情景，我特意大声说道：“今天我要表扬小雨同学。”

“小雨？”学生们发出了疑问。

“是的，因为我站在前面听到了小雨响亮的读书声。”我的眼神很坚定，语气很肯定。随即教室里爆发出热烈的掌声，而小雨也终于第一次露出了微笑。

自此以后，我特别注重对小雨朗读能力的培养。一次课上，虽然小雨没有举手，但我还是叫她来读课文。奇迹发生了——我只叫了一遍，她就迅速站了起来。全班一片寂静。经过五六秒钟的踌躇，她开始大声朗读起来，而且读得比以前流利多了。这让我感到很高兴，她终于迈出了前进的一步。同学们的掌声响起来，整个课堂被一种温暖和感动包围着，我更是兴奋得冲小雨竖起了大拇指。

接下来，我建议小雨从自己最喜欢的音乐课开始尝试主动举手发言，可以先选一些比较简单、自己有把握的问题来回答，成功以后再尝试在其他课上发言。同时，我还让小雨负责检查眼保健操的工作，以便与同学们有更多交流。两天后，我发现小雨在检查时敢于提醒同学了，还主动设计了一个眼保健操检查记录本。

经过一番努力，小雨已经逐渐卸下了心理负担，走出了曾经的沉默和逃避。课上，她积极发言，主动回答问题；课下，她时常与同学们交流学习问题；赛场上，她大声给伙伴们鼓劲、加油。如今，我常常能看到小雨灿烂的笑容，听到小雨欢快的笑声。小雨心中的冰山终于开始融化了，我为之而欣喜。

>>> 郑建忠 · 北京市海淀区红山小学

期待，让学生走向成功

班里有个男生，性格内向，不喜欢与同学交流。课下，他总是独自一人默默地坐在一旁，埋头干自己的事，沉浸在自己的世界中。即使学习上遇到了问题，他也不愿意找老师和同学。就这样，学习问题越积越多，成绩自然越来越差。这使他不仅变得更为沉闷，还开始自卑起来，并刻意疏远他人，陷入了学习和人际交往的双重恶性循环。

一、针对性格，我尝试情感投资

我仔细分析了他的性格，考虑到他性格比较内向，必定朋友不多，内心孤独。于是，我首先对他增加了情感投资，在关注他学习的同时，更关心他平时的生活情况。每当寒流过境，气温骤降时，我都及时提醒他注意增加衣物，以防感冒；每当刮风下雨时，我都嘱咐他记得带上雨伞；每当课业繁重时，我总会提醒他注意身体，及时休息……就这样，在我的关爱下，他不再像以往那样封闭自己，并开始参与一些集体活动；与此同时，他的性格也变得开朗起来，与同学们的交流也逐渐增多。看来，我的策略初步显示出了成效。

更让我感到欣喜的是，他开始由被动接受我的关爱，变为主动寻求我的帮助。

二、针对学习，我尝试约法三章

高二年级上学期期中考试后，他主动找到我，说："老师，我能不能和您说件事情？"我听了很开心，因为当他遇到困难时会想到我，向我寻求帮助，这正是我要达到的目标。于是我关切地问道：“遇到什么困难了吗？”

“老师，这次考试我的成绩太差了，压得我喘不过气来，让我感到很自卑。”

“你自己分析原因了吗？是因为试卷难吗？”

“有些题目不会做，但有很多题目我会做，只是有些地方考虑得不周全，所以丢了分。”

“会做的却丢了分，可惜呀！你现在把不该丢的基础分算一算，看看自己应该得多少分。”

他估算出了自己应得的分数，惊奇地发现这个分数竟比原来增加了那么多！看到如此大的进步空间，他兴奋不已。于是我趁机与他“约法三章”：一是将自己的课桌整理干净，每天保持整洁；二是专心听讲，独立完成作业，在笔记本上记下每次做错的题目，养成勤学好问的好习惯；三是考试时认真仔细，基础内容尽量不失分。

此后，我便天天督促他朝着目标努力，并安排一名优秀的学生和他同桌，帮助他进步。

三、针对信心，我尝试激发潜能

可是，期末考试后，他发现自己仍在末尾徘徊。“我的努力有用吗？是不是全白费了？”他很失望，信心再次沉到了谷底。

我及时鼓励他说：“怎么能如此轻易放弃呢？你是一匹千里马，你要相信我这个伯乐，更要相信自己的潜力！”

在我的激励下，他又重拾信心。我还与他的家长取得联系，共同制订了寒假学习计划，鼓励他利用好寒假时间，尽快使自己的成绩赶上来。

高二下学期开学后，为了坚定他的信心，我特地让他担任物理科代表，并鼓励他说：“现在全班同学，包括我在内，都认为你一定能当好这个科代表，你认为自己行吗？”他斩钉截铁地答道：“行！”

果然，担任科代表后，他在学习上更认真刻苦了。办公室里经常出现他请教问题的身影，老师们对他的赞许也越来越多了。终于，他的学习慢慢有了起色。学期第一次测验时，他的成绩已经接近平均成绩。他第一次尝到了成功的喜悦。

考试过后，我和他一起分析试卷：会做的基础题，他没有丢一分！慢慢地，一次、两次……他的成绩稳中有升，脸上的笑容越来越多了。现在他不仅有了自信，更变得开朗和乐观了。

在给他的期末评语中我写道："本学期最突出的成果是学习逐步走向正轨，逐渐掌握了高中课程的学习方法，成绩的提高是对你勤奋的回报……望你再接再厉，创造一个更辉煌的明天！"

其实，我给予他的仅仅是期待和鼓励。有些时候，老师们并不需要将大量时间花费在给学生做练习、补课上，真诚的期待和鼓励或许能够给予学生更多动力。

>>> 王丹 · 江苏省无锡市第一中学

为折翼天使插上爱的翅膀

湃是那种特别安静的学生。她总是静静地坐在座位上，要么看书写字，要么默默凝视。偶尔跟她眼神相遇，她总是微微一笑，然后害羞地低下头。说她性格孤僻，倒也不是，她跟同学从未发生过任何矛盾，而且作业都能按时完成，也从未有过迟到等违纪现象。可做班主任的责任和经验告诉我，她的背后有故事。

一

我仔细研究了湃所填写的家庭信息，想找出一些蛛丝马迹，却没有任何发现。唯一一点就是她家住在郊区，离学校有点儿远。为了获取更多信息，我经常找机会与她沟通，可总是我问一句她答一句，很难知道更多信息。看来，我只能另辟蹊径。

正好期中考试结束后要召开家长会，于是我特意邀请湃的家长聊一聊。家长会当天，湃的父亲来参会。我对他说："湃给我最大的感觉就是看起来柔柔弱弱，可居然每天上学放学要走那么远的路程，还从未迟到过，真不容易！"家长说："我曾经也想过要湃住校，但是她坚决不同意。"说到这里，湃的父亲欲言又止，我看到他的眼里满是愧疚与无奈……最终，这次谈话并未像我意料中那样获取太多有效信息。

正当我不知如何突破之际，我无意中了解到湃家里的情况。原来，湃的母亲病重，湃的父亲为此心力交瘁，湃为了多陪母亲，坚持走读。这对刚上初中的孩子来说，真的很辛苦。那一刻，我对湃有一种说不出的怜爱。但我知道，此时我只能不露声色地给予她关心和爱护。我决定从以下方面入手：一是借成立学习小组之机，让湃所在的小组成员在学习和生活方面对她给予关注与帮助；二是与科任老师沟通，对湃多做一些学习方法上的指导，帮助她尽快找到适合她的学习方法；三是在班里多表扬湃，让她的自信心逐渐建立起来。

慢慢地，我发现湃有时会在下课后跟同学聊天，遇到老师时眼神也不再回避，有几次我还看到她主动向老师请教问题。对她的每一点进步，除了在班里进行表扬外，我还会特意发信息给她的父母，我想这对她母亲也是一点儿慰藉。但是，每天早晨进班时，我还是看得出湃的脸上有些许疲惫。我很想走进她的内心，但又不敢涉及她母亲的话题，我怕自己稍不留神就会刺伤孩子细腻、敏感的内心。我只能保持现状，再找机会对她进行教育。

很快，一学期结束了，湃的英语成绩提高很快，而其他科目没有明显改善。学期末总结颁奖时，我特意跟各科老师商量，多加了几个奖项，尤其是对单科进步明显的学生也给予奖励。当看到湃领取“英语进步之星”奖状时露出灿烂的笑容，我也感到十分欣慰。

二

初一下学期，湃的母亲还是走了，这对湃的打击很大，从未请过假的她一周没来上学。我知道，此时是湃最脆弱、最悲伤的时候，但她必须接受和面对现实。于是，当湃返校时，我跟她的父亲商量，路程太远，孩子太累，希望湃晚上住在我的宿舍。湃的父亲有一丝迟疑，但还是答应了。后来，他给我发短信：“我了解老师的心意，谢谢您！”

那个晚上，我跟湃聊了很久很久，但几乎都是我在说话。我能理解失去母亲是怎样的心情，因为我的母亲在她很小的时候也遭遇过这样的变故。我把从母亲那里听到的感受和心情拿出来跟湃分享，她的眼里始终噙着泪水。我鼓励她说：“孩子，人生的道路真的不是一帆风顺的，每个人或许都会遇到这样那样的意外或变故，我们能做的只有接受现实、直面挫折，然后继续坚强乐观地生活下去，这样才能告慰疼爱我们的亲人！如果你愿意，老师也会像妈妈一样爱你！”

那个晚上，可能我表达得有些语无伦次，但或许正是这样不设防的语无伦次，让我拉近了跟湃的心灵距离。最后，我们俩都哭了。

接下来的日子里，湃的情绪仍然比较低落，成绩也在原地踏步。我觉得应该给她一段缓冲的时间。我能做的，不是给她讲道理、定目标，而是默默地守候她、关心她。例如，看到一个感人的故事时，我会发给她；下厨时，我会邀请她品尝我的手艺；她有进步时，我会在表扬她的同时发短信给她父亲；她心情不好时，我会走到她面前，拍拍她的肩膀或摸摸她的头……我想让她明白，其实她身边有很多爱护她、关心她的人。

三

转眼到了初二，湃的父亲告诉我，湃很想把成绩提上来，但是她觉得压力很大，很不自信。我很高兴，湃终于走出来了，我觉得她真是个坚强的孩子。

成绩提高是目标，但关键是要找到自信。在分析她的各科成绩后，我觉得还是应该以英语为突破口。于是，我跟英语老师交流了想法，英语老师非常支持、配合。我们做了一个大胆的决定，让湃担任英语科代表。要知道，虽然湃的英语在初一上学期有所进步，但是初一下学期基本没什么起色，所以要同学信服，她就必须做出点儿成绩。为此，我专门找湃谈了一次话，主要是表达对她的信任。起初，湃很是惊讶，继而看得出她的高兴，她甚至说："老师，我一定会当一名认真负责的科代表！"

湃果然说到做到。第二天，湃早早到校组织各组小组长催交作业本。看到她高涨的工作热情，我心里很高兴。一周下来，英语作业的交送速度和交送数量都有明显提高。英语老师对湃的工作很满意。其实有时候，学生只是缺乏表现的机会，他们可能拥有我们意想不到的能力。

如果说收发作业靠的是认真负责的态度，那么更大的挑战还是如何提高成绩。看得出湃很努力，单词量的提高比较明显，可一到测试时，成绩还是上不去。一天放学后，我正准备离开办公室，看见湃站在门外，她说想跟我说点儿事。原来上午的英语考试，湃的成绩不是很理想。她觉得很对不起英语老师，想辞去英语科代表的职务。我能感受到她的压力，便问她："其实你是很喜欢当英语科代表的，对不对？"她点了点头。于是，我耐心地帮她分析了目前的情况。第一，要给自己时间。学习不是努力就能马上见效的，需要一段时间才能见到成效。第二，要找到学习方法。努力认真后效果仍旧不明显，很有可能是方法有问题，建议去找英语老师做具体指导。第三，要学会释放压力。不要把英语科代表当成一种压力，轻装上阵效果会更好。

湃果然是一个追求上进的孩子，她遵循我的建议，逐渐放下心理包袱，并与英语老师反复交流学习方法。初二上学期期中后，她的英语成绩提高特别明显。英语老师每次提到她，都笑着夸她是个好帮手。渐渐地，湃的笑容多了，跟老师、同学的交流也多了。或许良好的心态的确能激起意想不到的连锁反应。在初二上学期期末考试中，湃的成绩突飞猛进。

初三时，我不再教湃了，可她依然会经常到办公室来找我，和我说说心里话。当然更多时候，我都是分享着她的进步和喜悦。其实从她那里，我也学到了很多东西，我总是对她说："你千万不要以为给老师添了麻烦，老师也要感谢你，因为我是在跟你一起成长！"

>>> 田莉·北京一零一中学

第二辑

学生行为习惯问题教育策略

拯救“乱室佳人”

阿莹是我新接的班里“辨识度”最高的女生之一。她的成绩在班上名列前茅，脸蛋圆圆的，皮肤白皙，身材虽然不高，却给人匀称、协调的感觉。但是阿莹留给我最深刻的印象却是她的绰号——“乱室佳人”。一开始我还纳闷儿，一个漂亮女生被称为“佳人”能够理解，为何要在前面冠以“乱室”呢？不过很快，我就发现了其中的端倪。

一、忍无可忍，出手相助

熟悉毕业班的人都知道，教室里最常见的景象就是学生课桌上整齐摆放的高高的书山，而学生一个个趴在“山后”狭小的空间里。阿莹的座位在教室的前排，却明显与众不同。她的课桌上的书比其他课桌上少了许多，而且毫无规律地堆放在一起。更让人感到不可思议的是，她的书页很多都是卷角的。在我的印象里，只有小孩子的书才会因为不懂爱惜和保管而卷角、污损，而阿莹可是一个即将成年的高三才女呀！如果仅仅如此的话，还可以忍受，接下来上课时的景象才真正让我深感无语——阿莹的英语书和本子摞在数学资料上面，再往下掀开，竟然还有上一节历史课的资料！我不禁惊呼：“你就这样趴在一堆书上面上课、写字啊！”同学们听了哄堂大笑。她似乎有些不好意思，赶紧低下了头。至此，我终于理解同学们送她绰号“乱室佳人”的原因了。

我觉得有必要帮一帮阿莹，但真正让我决定“拯救”阿莹的是她几次在我的课堂上发生“意外事故”。由于物品摆放凌乱无序，她经常发生字典掉到地上、水杯跌落等现象。有一次，我正在讲课，突然几枚硬币从她的课桌上掉下来，滚落在地板上，发出响亮的撞击声，严重干扰了教学秩序。我忍住怒火，来到她的课桌旁边，只见抽屉里的东西简直让人不忍直视——卷角的资料、杂乱的试卷、成团的面巾纸，甚至还有一截黑乎乎的香蕉皮！生活、做事一向有条有理的我，哪能容忍班上学生这么邋遢呢?于是，我决定出手拯救这位“乱室佳人”。

我第一次找阿莹谈心时，她有点儿不太情愿，甚至有些抵触。她以作业多为借口搪塞我，因为她知道我的目的。但最终她还是来了。不过，我并没有提及她不爱收拾和整理的事，而是询问她进入高三以来有何感受，特别是学习上有哪些困惑，因为她的英语成绩一直拔尖，而数学成绩则明显拖后腿。当我告诉她可以减少英语作业，从而多给数学留点儿时间时，她一直飘忽不定的眼神立马聚焦到我的脸上。“什么？真的吗？”她惊讶地问道。我说：“当然了，高考几门科目是捆绑在一起的，英语考好了当然好，但是我可不希望看到你因为数学而落榜。”我能明显地察觉到这句话拉近了我们之间的心理距离。

接着，并不擅长数学的我还给她提了一些学习方面的建议。直到她离开我的办公室，我都没有提到让她尴尬的事。但是，渐渐地她似乎有了一些改变，至少上课时掉落东西的现象基本不见了，书下有书的次数也少多了。这让我看到了胜利的曙光。

二、多方努力，终获成功

一次晚自习课上，我用大屏幕投影了几张朋友女儿的照片，她在本市一所名校读高三，刚刚被北京大学自主招生录取，大家顿时投来羡慕的目光。接着，我给大家讲了这个女孩的故事：她从小就非常自立自强，不仅学习习惯好，也是一个做事干净利落的女生。正所谓“一屋不扫，何以扫天下”，如果我们平时做事能够有条有理，生活必然会给我们丰厚的回报。我注意到，在我讲这番话的时候，后排那些平时不拘小节的男生开始轻轻收拾抽屉里的东西，而坐在前排的阿莹则将头埋得很低，两只手也悄悄地在底下忙活起来。

还有一次课间休息时，阿莹不在教室里，我看她的桌子上又杂乱地堆放着一摞书，就帮她整理了一下。我还特意把那些卷角的试卷整理好，用夹子夹起来。两分钟不到的功夫，原本杂乱不堪的课桌变得井井有条。其他学生一边看，一边笑。不少人竟然也下意识地整理起自己的课桌。打水回来的阿莹发现课桌变了样，先是怔了一下，接着羞红着脸问旁边同学是谁整理的。我朝她打了个 OK 的手势，她的脸更红了。接下来很长时间，阿莹的课桌上下内外都保持得整整齐齐。

为了帮助阿莹保持良好的习惯，我特意打电话给她妈妈，她妈妈第一句话就说谢谢我。经过一番交谈，我了解到，原来阿莹妈妈近来发现，多年来一直杂乱无章的女儿最近竟然主动收拾起房间了，特别是她自己的房间跟过去相比简直是天壤之别。知道真相后，家长很高兴，并且表示一定会紧密配合，根治女儿的邋遢顽疾。我让阿莹妈妈一定要多多鼓励、引导孩子，给她充分的表扬，并发挥带头作用，让良好的习惯保持下去。

为了帮助女儿，阿莹妈妈也是费尽心思想了很多办法。最后，她千挑万选，购买了一款可以挂在课桌边上的收纳整理袋，一个个分开缝制的布袋彻底解决了阿莹乱放书籍和文具的问题。很快，全班每个学生的课桌边上都挂上了这种整理袋。不但如此，班级卫生工作也收到奇效，屡获卫生流动红旗。为此，我专门组织了一次主题班会，表扬了阿莹，正式给阿莹摘掉了“乱室佳人”的帽子。

>>> 李斌·江苏省南京市大厂高级中学

“小马虎”变形记

一年前，我刚接手新班时，女生月月引起了我的注意——她笑呵呵的，特别开朗；一双眼睛亮亮的，透着一股机灵劲儿。开学第一天，月月出色的表现使我眼前一亮。可没想到的是，仅仅两天后，她的一次语文作业却让我大开眼界——不足百字（包括题目、要求在内）的作业，她竟错了17个字，甚至还出现丢字、落字的现象。这还是那个机灵的小姑娘吗？

一、多方原因，致马虎问题愈演愈烈

经过了解，我才知道月月是个出名的“小马虎”，虽然能说会道，但做事马马虎虎，特别是做作业不认真，总要批改几次才能过关。通过课上观察，我还发现她注意力不集中，做事不专注。例如，做课上练习时，有同学不小心碰掉了文具盒，她总会盯着看很久，而且表情丰富。以上种种，导致她成绩较差，常被老师叫去修改作业，所以她在同学中不太受欢迎，课下和她一起玩的同学很少。这使原本活泼开朗的月月根本发不出光彩。

为了帮助这个聪明可爱、活泼开朗的小姑娘改掉坏习惯，我决心走近她，了解她的故事，找到问题的根源。于是，我查阅书籍，进行家访，并与原班主任联系。经过一段时间的努力，我将月月的问题症结与原因归纳如下。

1．家长缺乏正确的教育方法

月月从小和爷爷、奶奶一起生活，是老人的心肝宝贝，娇生惯养，缺乏约束力。父母平时工作忙，对孩子的关注和教育较少，直到发现孩子成绩越来越差，才开始关注孩子，但也只限于关注成绩，并未意识到孩子真正的问题。

2．学习环境干扰性大

我在家访时发现月月家境很好，生活条件优越。她的房间布置得花里胡哨，各种贴画、玩具堆放在书桌上下，还有一个壁挂的液晶电视。看来家长只注意到了孩子生活上的舒适、方便，却未曾想到这样会给孩子的学习带来极大干扰。

3．家长误认为月月患有多动症

我听月月奶奶说：“月月从小就爱动、爱闹，干什么都没有个老实劲儿，风风火火的，这可能就是多动症吧！”老人误把孩子的坏习惯当成一种病症，对她又多了一份怜爱与纵容。加之父母管教不及时，错过了教育良机。

4．学校教育缺乏有效措施

对月月的问题，老师只停留于作业和测验反馈，并没有寻根求源，更多的是补救，而忽视防范，致使孩子缺乏自信心，坏习惯愈演愈烈。

二、多管齐下，将马虎问题彻底根除

基于上述原因，我决定采取以下方法和措施帮助月月改掉马虎的坏习惯。

1. 加强沟通，获取家长的信任、配合

通过家访，我不止与月月父母接触，更重要的是获得了月月爷爷、奶奶的认可。首先，我从科学的角度告诉老人，孩子不是多动症，不能随便给孩子贴上多动症的标签。月月只是活泼好动，注意力不集中，而且目前正处在以无意注意为主向有意注意为主发展的过渡期。要是方法对路，月月很快就会转变过来，并且改掉马虎的坏习惯。因此，家长要给孩子创造一个干扰较少的学习环境，帮助她提升注意力。同时，我建议月月父母重新布置孩子的学习空间，尽可能避免让一些与学习无关的物件、设施对孩子产生干扰；同时，也要告诉老人，孩子写作业时尽可能不要打扰，不能一会儿送吃的，一会儿送喝的……家长听后，表示一定全力配合。果然，月月的问题很快就得到了改观。

2. 特殊评价，强化孩子的学习动力

有了家长的全力配合，我在教育月月时就有了足够的动力和底气。为了更好地强化她的学习动力，我特别为她设计了作业质量评价表（见下表）。在评价表中，我增加了“老师寄语”和“老师评语”栏目，以此密切关注她的细微变化和点滴进步。

作业质量评价表

<table>
<tr><td>老师寄语</td><td colspan="2">月月，你一定想成为一个踏实、认真的小姑娘吧！那就从现在做起，认真写作业，仔细检查，相信你会做得更好！</td></tr>
<tr><td>自　查</td><td>两处错误</td><td>鼓励：☆☆</td></tr>
<tr><td>家长检查</td><td>三处错误</td><td>鼓励：☆☆☆</td></tr>
<tr><td>老师检查</td><td>两处错误</td><td>鼓励：☆☆☆</td></tr>
<tr><td>老师评语</td><td colspan="2">月月，你今天的作业比昨天进步了，特别是书写清楚多了，看得出你书写时一定很认真。但老师也发现，有些错误不只是书写问题，说明有些知识你忘记了，要注意复习哦！加油！</td></tr>
</table>

通过一次次作业评价，月月的作业有了明显改观，书写方面的问题越来越少，特别是她有了自觉检查的意识，做完作业后会仔细检查是否抄错了题，是否丢字落字了，语句是否通顺。看来她的进取心已经被调动起来。然而，这些还只处在补救的层面，认真做事、认真学习是一种积极的人生态度，一定要从源头入手。

3．电话督促，调动孩子的自觉意识

从源头入手，考验的是老师的耐心和教育技巧。于是，我每天给月月布置数量、难度适当的作业。到晚上，我会主动给她打电话，让她认真核对、总结作业要求是什么，哪里容易出现问题，并在第二天上课前告诉我。同时，每次通话时我都不忘对她表示鼓励和感谢。

有一次，月月早早就来到学校，拿出作业本把容易出错的地方向我一一道来。我认真听她说完，并对她大加赞赏。当晚我又给月月打电话告诉她明天课上要订正作业，并让她做代表发言……

功夫不负有心人。伴随多日的电话督促，月月的作业创造了奇迹——连续一周获得“优$^{+}$”。月月也从中品尝到甜头，逐渐意识到认真做事的重要性，增强了自己的责任感和荣誉感。

4．课堂改革，吸引孩子的注意力

有时学生上课不注意听讲，是因为老师的授课方式不够吸引人。所以，我尽可能地设计一些新颖的教学导入或者学习情境，充分吸引学生的注意力。同时，我还在课上科学调整学生的学习时间，适当转换学习模式，不让学生长时间做同一件事，并适当培养学生的抗干扰能力，合理利用学生注意力集中的时间段深入开展探究学习，从而提高学习效率。

在此过程中，月月始终努力配合我，把精力都用到了学习上，课上总有突出的表现。有一次，我在板书时把“国”字的捺点不小心写成了撇点，大家都没有注意到，而月月却勇敢地指出了我的错误，并且翻字典求

证。我带头给月月鼓掌，真诚地对她表示感谢和赞扬，同学们也向她投来敬佩的目光。月月当时自信的神情至今还经常在我眼前闪现。

经过师生近一个学期的不懈努力以及家校之间密切的配合，昔日的“小马虎”俨然已经成为“小认真”了，而且她经常和同学一起快乐游戏，成绩也得到很大提高。上学期期末，月月还被推举为第二合作学习小组的组长。如今，每次上课我都会感受到月月专注的目光，相信她会越来越好！

>>> 尤凤娟 · 北京市房山区长阳中心校

我与“打架王”的“四个约定”

一、“打架王”之由来

“老师，小宁又打架了！”刚回到办公室，学生就来报告。我赶忙来到教室，好不容易才把双方拉开。只见小宁满头大汗，身体还在颤抖。

说起小宁，真是让人头疼。刚接手该班时，就经常有学生向我告状：小宁课上不认真听讲，讲话干扰同学；课下拿同学东西，在同学本子上乱画；不但欺负女生，还经常打人……小宁没有一天不惹事，而且愈演愈烈。因此，同学们称他为“打架王”，这不，三天已经打了两次架！

面对这种情况，我觉得自己必须“出手”了。于是我决定家访，虽然天天见面，但我对小宁的生活环境、内心世界还没有深入了解。

二、家访探究竟

我和小宁的母亲取得联系后，晚上和同事一起来到他家。见老师突然来访，而且不止一人，小宁的脸上明显流露出不乐意。为了消除他“老师家访就是到家里告状”的想法，我和小宁来到他的房间，同事则与小宁的父母在客厅里聊孩子自小到大各方面的情况。

走进小宁的房间，只见墙上贴满了周杰伦的海报，我便以此为话题开始与他的谈话。说到自己最喜爱的明星，小宁的话渐渐多了起来，他还向我推荐了很多自己喜欢的歌曲。当我小声哼起周杰伦的那首《菊花台》时，小宁更是开心地和我一起哼唱起来。渐渐地，小宁放松下来，聊起了自己，包括晚上和周末的安排、喜欢做的事情、对班级同学的看法、自己的好朋友以及“喜欢”的女生。我们还谈到了打架事件，小宁知道自己的做法不妥，只是当时没有想到用其他方式解决问题……

就在此时，客厅突然传来了很大的争吵声。仔细一听，原来是小宁的父母因为孩子的教育问题争吵起来。小宁的父亲认为孩子就应该完全听家长、老师的话，信奉“棍棒之下出孝子”。今天若不是小宁的母亲及时回到家，他又要暴打小宁了。小宁在房间里也激动起来，不断地说着：“老古董，只知道打我！”

我走到客厅，劝解小宁的父亲不要生气，随后小宁的母亲和我介绍了孩子的情况。小宁从小就很调皮，为此没少挨父亲的打，而且在耳濡目染中逐渐学会用武力解决问题。小宁还很像他的父亲——“讲义气”，但做事莽撞，不分青红皂白。

心理学家西格蒙德·弗洛伊德（Sigmund Freud）认为，童年阴影与早期经历对人的一生影响很大。小宁的童年笼罩在父亲因为一点儿小事便发火打人的阴影下，这使他的内心产生了巨大的恐惧感，对他的心理造成了伤害。同时，他也从中习得了这种解决问题的方法。他的母亲虽然不像父亲那样固执、粗暴，但也没有特别好的教育方法，有时还把孩子独自留在家中，自己外出打牌。家庭没有良好的教育、引导氛围，使得小宁形成了莽撞、易冲动、爱用暴力解决问题的个性。但从本质上看，小宁是个有爱心、关心他人的孩子，平时也愿意和老师交流。

三、四个约定来引导

从与小宁的谈话中我还了解到，他之前两次打架是因为“讲义气”，为朋友“两肋插刀”，而非“天生暴力狂”。“讲义气”的人通常都很讲信用，因此，我决定通过与其“约法四章”来引导他，将他领出“暴力区”。

1. 成为好友，便于交流

听说我想和他成为朋友，小宁很惊讶，但欣然接受。

“我们现在是好朋友了，好朋友之间应该分享开心和不开心的事。你愿意和我分享吗？”

“当然愿意呀！”

“真好，那你以后遇到不开心的、看不惯的事情都告诉老师吧！”

“好哇！怎么告诉您呢？”

“写纸条哇。”

“能不能发短信哪？”（小宁曾经要把母亲的手机带到学校，但被拒绝）

“可以呀，不过不能带手机到学校去。你可以把要和我说的话先写下来或记在心里，晚上再发短信告诉我。”

就这样，我和小宁达成了首个约定。为了让他时刻牢记约定内容，我们以书面形式记录下来。

①小宁和匡老师正式约定：成为好朋友。

②杜绝打架，否则自罚。

③每晚 20:00—20:30，双方进行短信交流。

④小宁犯错误后，匡老师先不给家长打电话。如果匡老师违反约定，小宁可以直呼老师姓名。

⑤如果小宁发脾气，匡老师就叫他“子弹”；如果仍不听劝解，全班同学都这样叫他。

这份看似幼稚的约定包含了我和小宁之间达成的共识。家访归来，我立刻在手机上定下 19:55 的闹铃，以提醒自己每天这个时间和小宁进行短信交流。这是我深入了解和教育、引导小宁的窗口，同时这也给他暴躁的脾气配备了延时按钮。而在遇到重大问题时，我们协商达成的约定也是小宁不能触犯的禁区。

2．扬长避短，避免反复

约定果然奏效了，小宁真的没有再打架了。可好景不长，一个月后小宁又在班级里欺负同学，他为自己辩解，称是在练习铲球，还扬言有谁敢报告给老师就报复他。

我和小宁进行了一次长谈。我们谈论第一次约定，谈论老师、家长对他这段时间进步的大加赞赏，又谈到此次事件的危害性。经过一番沟通，小宁意识到并承认了自己的错误。于是我们达成了第二个约定：

①不再玩危险的游戏。
②不报复同学，和同学友好相处。
③不管闲事，管好自己。
④匡老师负责监督。

3．巧借契机，指引方向

因为两份约定，因为每天的短信交流，小宁的纪律状况好了很多，基本可以与同学和睦相处。可尽管如此，他还是被同学投诉了几次。我想，小宁比一般孩子活泼好动，自我约束能力也比较差，正好班级在组织春游活动，能不能让他的“充沛精力”发挥积极的作用，让同学们对他刮目相看呢？经过商讨，我俩达成了第三个约定：

①在春游活动中不捣蛋，不大声说话，不骂人，不和同学打架。
②认真听老师的话，遵守纪律。
③带本子记录春游时的所见所闻。
④帮助老师监督不文明行为。

我还推荐小宁担任班级纪律委员，协助我维持班级纪律。他高兴极了，工作做得有声有色，在遇到困难时还主动询问我解决方法，做事不再简单粗暴。

4．再接再厉，自省自悟

经过一段时间的共同努力，小宁在纪律方面有了长足的进步，这让我稍稍放下心来。可仍然让我惦记的是，他的学习成绩一直没有提高。本学期班里陆续有学生和初中签约，小宁因为成绩差一直未签约，因此有些自暴自弃，在学习上变得更加懒散，上课不但不认真听讲，而且又开始讲话，老师的示意也不起作用了。

眼看之前的努力就要付诸东流，我又一次和他长谈，告诉他小学知识的重要性，总结他学习成绩暂时落后的原因。经过一番劝导，最后小宁自己提出："要抓住最后的机会，好好学习。"因此，我们达成了第四个约定：

①为了更好地学习小学知识，上一所好初中，必须认真学习。

②上课认真听讲，每天做课堂笔记，并交给老师批改。

③每天去找老师补习落下的知识。

④匡老师认真帮助小宁，促进小宁学习进步。

正所谓"浪子回头金不换"，这次约定之后，小宁不但逐渐收敛了暴躁的脾气，拉近了与同学之间的关系，而且全身心投入学习当中。他也逐渐能够在课上认真听讲，积极主动举手发言，自觉完成作业，还经常利用课余时间补习课程。

像小宁这样的学生，其实并不像表面上那么坏、那么凶，他也拥有一颗善良的心，对朋友真诚，关心他人，只是因为脾气暴躁、性格莽撞而常常犯错误。对待这样的学生，我们不能一味盯着他的不良表现，而要以朋友的身份和他交流，帮助他克服不足。纵观小宁从一个"打架王"转变成遇事能够冷静处理、追求学习进步、积极为老师分忧的好学生，我的内心充满了欣喜和慰藉。

>>> 匡凤·江苏省南京市白下区四方小学

折翼天使的蜕变之路

对安安，一开始我觉得真的很难和他沟通，要把他教育好是件非常困难的事情，便心存侥幸——只要他上课不影响老师教学和同学学习，不欺负同学，不出危险事件，就随他去吧！然而，结果却事与愿违。

一、寻根溯源，查找“病”因

起初，安安的确不会影响任何人，终日沉浸在自己的世界里。可两周过后，问题不断暴露出来：除了课上在教室里随意走动外，他还时不时地发出尖叫声，甚至走到正在讲课的老师身边打断讲课进度……科任老师频繁地向我抱怨。直到这时，我才真正意识到放任自流的后果。或许刚来到陌生的环境里时，他还不适应，试图通过各种方式试探周边因素会不会对自己造成伤害，当发现无论自己做了什么都不会受到任何惩罚时，他便开始肆无忌惮起来。

因此，我找到安安上幼儿园时的班主任，想了解、比较两个环境中的他。安安的幼儿园班主任告诉我，安安在幼儿园时就喜欢沉浸在自己的世界里，凡是遇到大型活动，他从来都不参加，也不配合，更不愿意与人交流，一般都是由生活阿姨带着。大家都以为他有自闭倾向，父母便带他去医院检查，医生告知结果是“语言发育迟缓”，没有其他问题。

这样看来，幼儿园时期的安安尽管不与人交流，但还是乖巧的，不会影响他人，也许这跟幼儿园有生活阿姨有关系，但我认为这不是根本原因。那么上小学后，他的行为表现究竟为何会发生这么大的变化呢？正所谓“知彼知己，百战不殆”，这时找安安的父母了解其家庭情况是必要的。

经了解，安安有一个幸福、和谐的家庭，父母对他倾注了爱和耐心。安安的妈妈告诉我，孩子的个子比一般孩子要高，可语言发育比较缓慢，又比较胆小。因此，他们让孩子参加了很多集体性学习活动，期望逐渐提升他的语言能力。另外，父母每天都会花很长时间陪孩子学习、聊天、运动，周末还会带孩子去参加各类活动和体育锻炼，如游泳、攀岩、跆拳道等。为了培养孩子的独立能力和安全意识，他们甚至会在每个寒暑假让安安独自坐飞机回云南老家。

二、望闻问切，对症下药

何为“语言发育迟缓”？我特地上网查找资料，发现说话时间晚、智力低下、沟通障碍、发声困难、发音不准等都属于这个范畴。从安安平时的表现看，他的智力没有任何问题，甚至比一般小朋友拥有更强的学习能力和理解能力；至于发音吐字，也找不出任何问题，他发音标准，吐字清晰。联想到安安父母的描述，我初步判断，造成安安目前情况的原因是他比同龄孩子说话时间晚，无法及时通过语言表达自己的想法。这也是通常情况下安安都能安静地自我娱乐，课间远远看着小朋友们玩耍说笑却无法融入，甚至上课时喜欢走动大叫的根本原因。很多情况下，他想表达却不知该如何说出来，只好以简单粗暴的方式去宣泄。

查阅相关案例后，我想自己要做的是给予安安足够的耐心和关怀，帮助他突破障碍，引导他慢慢学会表达。于是，我设计了一个问题诊疗方案表（见下表）。

我始终相信“好孩子是夸出来的”，安安也不例外。虽然我在安安家长面前进行的是“透明化沟通”——好坏分明，但在班级里，我却极少对安安使用这样的方式。只要安安有了进步或做了好事，我就会当着全班学生的面夸奖他。我们班设立了“学习币”奖励制度，即通过自己良好的行为习惯和学习表现赢取学习币，在期中和期末阶段可凭借学习币参与班级“拍卖会”，获取精美礼品。孩子们的积极性非常高，安安也是如此。因此，只要他有好的表现，如背会了一首诗、完成了一张练习、拾金不昧等，我就会当众奖励他学习币，并鼓励他不断努力。

安安的问题诊疗方案表

症状	诊疗措施	目的
上课随意走动，大声尖叫	1. 和家长建立有效沟通，及时、详细地告知安安在学校的表现 2. 父母一方不定时来学校监督安安上课期间的学习情况 3. 引导、强化安安的上下课意识，明确上课规矩	1. 和家长建立“透明化沟通”方式，是树立教师权威的需要，以此告诫安安家长和老师是“同一战线”的，一旦犯错老师会批评他，如果表现好也会给予表扬、肯定，借此逐步形成他的是非观念 2. 请家长不定时来学校监督，是和安安初识阶段所采取的措施。这种“突击检查”的方式是在给他敲警钟，帮助他养成上课安静、认真听课的习惯
交流、表达困难	1. 上课不忽视他，邀请他参与课堂，回答问题，由浅入深，循序渐进 2. 班级“每日一诗”活动，每位小朋友按学号每天推荐一首古诗，鼓励安安也参加 3. 课间，我会花更多时间和安安待在一起，多和他沟通，引导他表达	及时给予关注和肯定，让安安体验勇敢表达所带来的喜悦和成就感，从而激励他更加主动地表达
无法融入同学圈	1. 让小朋友们主动邀请安安加入他们，和大家一起做游戏 2. “点人识名”，随机点到一位小朋友，让安安叫出名字	借由同伴力量协助安安融入集体，是在潜移默化中教他如何与大家愉快相处、玩闹；“点人识名”则是帮助他更快地认识同学，也是促进他语言表达的好方法

渐渐地，安安开始形成较强的是非观念，也能慢慢自我约束了。犹记得他第一次打翻粉笔盒时主动弯腰一根根拾起，在阅读课上捧着一本课外书静静阅读，开始主动和同学玩闹，见到每位老师都开始主动问好……面对安安一点一滴的变化，我的内心满是惊喜、感动。

三、了解“真相”，按需指导

一年来，安安的变化与成长大家有目共睹，很多开始时不看好他的老师也对他满怀期待，相信他会越来越好。我则一直沉浸于安安的可喜变化中，却忽视了他身上依旧存在的隐患，直到它们发酵升级……

“老师，安安把琼琼推倒了！”“老师，安安把然然推倒了！”安安在两天内连续伤到了两位同学。第一天，我以为只是普通的事件，就只将安安带到琼琼身边，要求他郑重地向琼琼道歉了事。可连续两天发生同样的事，说明事情绝非那么简单，不是简单的道歉就能够草草解决的。于是，我通知三方家长放学后来学校。

首先，我向琼琼和然然的家长解释了具体情况，并告诉安安的家长必须严肃认真地处理此事，因为连续两天发生同样的事情，若每次都仅以道歉了事，会助长孩子的侥幸心理，令孩子不知错，更不知改。这一次，我没有像平时那样和声细语地引导安安，而是义正词严地告诉他哪里做错了，并严厉批评了他。

安安第一次看见我这么严肃，哭得非常伤心，边哭边说：“老师，对不起！”我反问他：“你知道自己哪里做错了？说说看！”“不能推人，不能打人。”而后在安安爸爸的协助、引导下，安安终于道出了事情的真相：原来，他推琼琼是想和她玩，而推然然则是因为然然站在过道上挡住了他的去路，他不懂得要用嘴说而选择了用肢体表达。我发现，虽然自己之前教会了安安说“对不起”，却没有真正了解其行为背后的真实原因，致使他虽然知错却不知错在哪里、如何改进，于是一而再，再而三地发生推人事件。

在言语和行动的示范下，我告诉安安如果想和琼琼一起玩，就应该对她说：“琼琼，可以和我做朋友，一起玩吗？”如果有人挡住了你的路，可以轻轻拍拍他的肩膀，说一声：“请让一让，我要过去。”因为安安语言发育迟缓，我反复让他重复这几句话，同时又以提问的方式让他复述，接着进行角色扮演。我分别扮演琼琼和然然两个角色，重演这两天发生的事情。这一次，他做得很好。

从那以后，安安再也没有“推”“打”过同学。有一次，我看见他轻轻拍拍挡路同学的肩膀请他让一下路时，别提有多激动了。我立马跑到他身边，拥抱了他，夸他做得好。我也完全摈除了对安安的“差别对待”，他做对了就表扬，他做错了当即就批评并指明原因和改正方法，而且监督他及时改正。而这一切也得到了安安家长的理解和支持。

一年来的努力，一年来的磕绊，见证的是安安一点一滴的蜕变。

>>> 娄照君·浙江省宁波国家高新区信懋小学

走近心灵，畅想未来

到了六年级，很多孩子都觉得自己长大了，渴望被别人理解，希望别人承认他们的成长。当无法得到认可时，他们往往会选择叛逆的方式来发泄。

我班就有这样一个男生——小韩，他个子高高的，长得眉清目秀，写得一笔漂亮的硬笔书法。四年级时，他还被评为区“三好学生”。可正是这个优秀的学生，到五六年级时竟然变了，在课堂上他总是低着头；在操场上他总喜欢与人窃窃私语；在课间他一点儿也不老实，不管认识不认识别人，总想打人一下，骂人一句。犯了错，他总是一口咬定跟他没关系或者不是故意的，一双茫然的大眼睛似乎也在为自己澄清“真相”。

看着孩子向错误的方向发展，我揪心不已。他的行为亟待矫正，而首要任务就是了解他发生变化的原因，因为只有找到症结，才能让孩子打开心结，回归正途。

一、平等悦纳，走近心灵

我开始悄悄地观察小韩，从上课表现到课间活动，从日常作业到与同学的交流，他的一举一动尽在我的眼中。我发现，他和小斌、小张三人整天形影不离，三个大男生聚在一起不谈学习，总是将社会上的不良习气互相分享，同学们见到他们就躲，谁也不敢招惹他们。很多科任老师反映他在课堂上不遵守纪律，表面上对老师恭恭敬敬，心中却充满了不服气。

为此，我请来了小韩妈妈，打算与她交流孩子的情况。可家长还没开口，就已泪眼婆娑，向我哭诉孩子如何不听话，自己实在没有办法。细聊之后，我才知道小韩爸妈都在批发市场卖菜，平时早出晚归，没时间管孩子。时间久了，孩子就和一群不良少年玩在一起，沾染了很多不良习气，也不再听家长的话，学习成绩更是一落千丈。听了小韩妈妈的话，我终于明白了孩子变化的缘由。

为此，我特意召开了一个小型会议，请来小韩和他的两个“好哥们儿”——小张与小斌。我想从对小韩的教育入手，让这两个小伙子也找到未来的方向。

三个大男孩一落座，就你看看我，我看看你，似乎在心里盘算着对策。看着他们不知所措的样子，我笑了笑，孩子终归还是孩子啊！我首先打开话题，让他们说说对方的优缺点，也好让我从多个角度去了解他们。我话音刚落，小张立马说道：“小韩写字特别漂亮，小斌这人特别仗义。”小斌也说：“小韩是我的好哥们儿，他的学习一直不错；小张胖胖的，心肠好，对我也不错。”最后轮到小韩，他看了看二人，轻声说道：“小斌和小张都挺好的，就是小张太胖了。”听到小韩说自己胖，小张立马直了直腰，想说些什么，却又咽了回去。听到三人都能客观地互相评价，我心想，他们的内心还是公正的。

接着，我让他们围绕他们在班里的表现进行交流，他们客观地评价了自己的行为。小韩说道：“已经上六年级了，我什么道理都懂，可就是管不住自己。”其他两人也附和着：“老师，您说的那些道理我们都能背下来了，是我们做得不好，我们以后改！”看来他们深知自己的问题，规则也早已了然于心，现在他们最需要的是理解和认可。因此，我站在朋友的角度认可他们已经长大，懂得很多道理，但是也告诉他们，他们的很多想法和做法还不成熟，面对问题他们应该采用更合理的解决方式，在班里他们应该树立积极向上的形象。我充满感情地说：“你们即将毕业，学习压力很大，如果不养成好的学习习惯，怎么能牢牢地把未来抓在手心里呢？”

在一番促膝长谈后，他们认可了我的话，表示会努力改正。

二、多元评价，助力成长

孩子的行为矫正不仅需要老师的真心关怀、帮助，同时也需要家长的积极配合和同学之间的互相帮助。为了进一步帮助小韩，我尝试从以下三个方面着手开展工作。

1．借力家庭，促进健康发展

家庭是孩子心灵的港湾，家长是孩子成长的第一任老师。小韩的家长从外地来到北京打工供养一家人，平时鲜有时间与孩子交流，然而，处在青春期的孩子最需要家长的正面引导。于是，我和他的家长取得联系，建议他们主动找孩子交谈，关心孩子的学习，倾听孩子的理想，并加以赞扬和肯定，建立起孩子对家长的信赖感；同时，在谈话中了解孩子的烦恼和困惑，引导孩子改掉不良习气，做个有主心骨的男子汉。我建议他们，每次谈话时间不用很长，睡觉前和孩子谈上 5 分钟就可以，日积月累，孩子就会理解家长的难处，懂得奋发图强，从而越变越好。小韩妈妈欣喜地接纳了我的建议。一段时间后，她给我发来一条短信："赵老师，您好！感谢您的建议，现在我每天都和儿子聊天，让他和我说说他身边的事。我发觉孩子不仅懂事了，还和我亲近了，我的话他也能听进去了，我现在真的特别开心！"看到短信，我的心中也充满了喜悦。

2．正面引导，矫正行为方向

学生一天有接近 9 个小时生活在学校里，老师见证着他们每天的成长。为了更好地矫正小韩的行为，我为他量身定制了一个评价表（见下表），每当他出现错误行为时，我都会耐心地和他交流犯错原因，并一起商量改进措施。

之前，小韩每天都会出现不同的问题，例如推搡同学、与同学起争执、说脏话，而且他总能将问题激化。通过填写评价表，时刻提醒、矫正他的错误行为，他出现问题的次数越来越少。除此之外，他能够主动向老师问好，课上主动担任小老师讲课，站队时主动避让身边的同学，放学后还能主动留下来帮助值日。很多科任老师发现他的变化后，纷纷给予他肯定和赞许，他的脸上更是时常挂着灿烂的笑容。

对小韩的评价表

日期	状况	原因	改进措施	老师签字
10.11	和同学打闹	走路时碰到了同学	1. 走路时看清同学，不碰到同学 2. 向同学道歉，不激化矛盾	
10.13	上课走神	注意力不集中	1. 课上认真听讲，按时完成作业 2. 课上多思考，提出自己的问题	
10.20	推搡同学	站队时前后推搡	1. 站队时，高个儿同学自觉向后走 2. 同学之间互相谅解	

记得有一次，他在题为“成长”的周记中写道：“我现在已经 12 岁了，身高都快追上爸爸了。妈妈常说人长大了就要学会懂事，原来我总是很任性、叛逆，结交了很多损友。现在妈妈每天都和我谈心，老师也时刻教导我，让我终于明白了成长就是要学会对自己负责。我一定要好好学习，和同学和睦相处，做个阳光好少年。”

3．同学互助，巩固良好行为

小韩在转变过程中，不能缺少同学的帮助。同一个集体，六年的友谊，这份感情是无可替代的。大家知道小韩的毛病，也都希望他能向好的方向转变。因此，我特意召开了名为“携手共进，共浴阳光”的队会，希望营造团结共进的班级风气，让每个学生都能获益。队会中，每个学生都为班级发展献计献策。轮到小韩发言时，他犹犹豫豫地走到教室中央，不好意思地说道：“我认为要建设团结班级，每个人都必须把自己的事情做好，大家互相帮助，共同进步。我知道自己原来做得不好，今后我会努力改进，和大家共同成长！”听到他的话，大家不禁用掌声表达自己的赞许。那一刻，我发现他的头抬得高高的，后背是那么挺直……

在此后的日子里，班级学生纷纷立足自我，争当小韩的榜样，小韩也用实际行动证明了自己的宣言。不仅如此，“三人组”中的小张和小斌也在慢慢转变，他们三人开始一起讨论学习，帮助同学做值日，还成为老师的小帮手。一次课间，两个三年级学生在楼道里争吵，他们三人主动将两人分开，进行调解，希望两人平心静气，不要争吵，还找来老师说明情况。当同事告诉我这件事时，我因他们的做法而惊喜，更为他们的成长而惊喜。

在班级和谐氛围的感染下，小韩真的变了，变得阳光自信，变得真诚友善。在“我的理想”队会上，小韩谈到了自己的理想，他真情流露、郑重地说：“爸爸妈妈卖菜很辛苦，将来我想做物流公司老板，让大家买菜、卖菜变得简简单单。”

>>> 赵岩 · 北京市丰台区新发地小学

育人须从“心”开始

两年前，我接任高二某班班主任。与原班主任交接时，她交给我一本笔记，里边详尽地记载了班上每个学生在高一年级的表现、性格特点和习惯，并特地提示我要多“关照”小 Q。翻看关于小 Q 的记录，我大为惊叹：上学迟到，上课睡觉、看小说、玩手机，无端旷课，用教室里的电脑上网、打游戏，经常缺席课间操、运动会等集体活动，爱吃零食，乱丢垃圾，讲脏话，从不参加班级劳动，成绩通常不及格……几乎可以用“劣迹斑斑”“刀枪不入”来形容他。就此，我深深地记住了小 Q。

一、撕掉过去，给心情放个假

新学期第一天报到，小 Q 便迟到了 20 分钟。当他出现在我眼前时，简直可以用“庞然大物”（身高一米七左右，体重估计在两百斤以上）来形容。看着他充满血丝的眼睛，我没多说什么，先让他进了教室。课后我把他叫到办公室，见他极不情愿、不屑一顾的样子，我笑着拉过一把椅子让他坐下，并顺手把一叠班里高一时的检讨书递给他，让他选出自己的。他很诧异，颤抖地找出二十张左右递给我。我接过来看也没看就撕掉了，然后扔进垃圾桶里。看着他更为惊诧的表情，我说：“从今天起，你是我的新学生，撕掉过去，一切重新开始！”语毕，我注意到他的面部表情变得柔和起来，他有点儿不好意思地对我说：“老师，我昨天刚从美国回来，时差还没倒过来。您放心，以后我不会迟到了。”

小 Q 进办公室前肯定已想好如何和我争辩，可没想到我却给了他尊重和希望。

二、留意细节，找出内心的小秘密

从那以后，小 Q 确实很少迟到了，但其他毛病还是一如既往。正所谓“知彼知己，百战不殆”，我决定先与他的家长联系。果然，从交谈中我了解到，小 Q 在幼儿园和小学阶段很乖巧，也很争气，小学时每年都是“三好学生”。可进入初中后，却不知为何变得懒惰起来，不再爱学习，成绩一落千丈。家长想过各种办法，可都没有效果。

循此线索，我一直暗中悄悄观察他，直到学校组织秋季运动会，我才揭开谜底。运动会前，我召开了一次动员会。当体育委员把报名表交给我时，我发现全班就小 Q 一人没有报名。我找他询问原因，他的回答竟然是“运动会没意思”，还想请假不参加。

我意识到其中可能有隐情，便把他单独带到小会议室里。

“我知道你从不参加运动会的原因。”我说。

小 Q 看看我，没说话。

“是不是因为你体重大，找不到合身的衣服，而老师因为担心你影响班级队列的整体美观，不让你参加？”为了避免伤害到他，我特意用了“体重大”，而没有用“胖”字。

“老师，您是怎么知道的？”听我这么一说，小 Q 甚为惊讶。

我笑笑说：“因为老师以前遇到过类似的情况啊，我曾经有个学生身高和你差不多，体重比你更重呢！”

这时，小 Q 的眼睛亮了起来，说：“真的吗？比我更胖？您能给我说说他的事情吗？”

小 Q 自己说出了“胖”字，说明他已经放下包袱和戒备，于是我转而说道：“既然你想了解他（后文称为“小 Z”）的事情，那么老师回去找找他以前的照片，明天我们还是在这里，我给你讲一讲他的故事吧！”

三、巧借案例，架起心灵直通车

回到家里，我找出小 Z 以前的一些照片和一段视频。第二天，我和小

Q 如约来到小会议室。我们一起翻看小 Z 以前的照片，其中有一张是在宿舍里拍的，照片中小 Z 坐在上铺，憨憨地笑着。我给小 Q 讲了关于这张照片的故事：那时小 Z 刚住校不久，住在小 Z 下铺的学生来找我，说小 Z 住在上面，对他的人身安全有威胁，怕万一哪天晚上小 Z 把床板压断掉下来会砸晕他。

小 Q 听完哈哈大笑。

还有一张是在篮球场上拍的，照片上的小 Z 乐呵呵地抱着一个篮球想传出去。我又讲了关于这张照片的故事：当时学校组织篮球赛，小 Z 也很想为班级争光，可因为肥胖最终没能上场，他一直很遗憾。于是在他生日当天，全班同学共同为他策划组织了一场篮球赛。此时，我对小 Q 说："照片上的小 Z 是那么的快乐、阳光。胖，并不是他的错，你看他生活得多快乐。我们大家都很喜欢他，你也可以和他一样快乐。"小 Q 笑了，笑得很腼腆。我知道，我已经触到了他内心的某样东西。

接着，我给他播放了一段视频，是全校元旦文艺汇演时小 Z 和班上几位同学合跳一段健美操，他那自信的眼神、憨憨的舞步、真诚的笑容打动了在场的所有人。台下上千人为他欢呼，整个舞台都属于他。最后，我对小 Q 说："我希望你也能像小 Z 那么乐观、自信，并且拥有一个属于你的舞台。"他点点头，向我敞开了心扉。原来，小 Q 进入初中后，由于暴饮暴食，身体像吹气球一般胖起来。同学开始取笑他，还给他取了个绰号——"乌克兰（大白猪）"。此外，由于体育成绩不及格，在学校运动会上，班主任怕他影响班级形象，总是把他排除在外。他感觉自己受到了歧视，于是拒绝参加一切集体活动，也不和同学交流，把自己完全封闭起来，并沉迷于网络，想在网络中寻找寄托。就这样，他变得厌学，缺乏自信，否定、看扁自己，但又不想听到别人对自己不好的评价，所以经常对同学恶语相向，对周围事物有一种仇恨心理，因此随意迟到、旷课、乱丢垃圾……

听完小 Q 的倾诉，我既难过又高兴，难过的是他曾经受到过不公平的对待，高兴的是他终于倾诉了出来。找到了症结，我还要想办法帮助他——给他信心，给他希望！

四、现身说法，帮他重拾失落的信心

小 Z 的故事使小 Q 受到启示，让他有了一种重新开始的念头。我决定请已经读大学且体重从 210 斤减到 140 斤的小 Z 一起来帮助他。我事先和小 Z 约好，并把意图告诉了他，希望他能帮助小 Q，小 Z 欣然接受。最终，两个“小胖墩儿”通过网络见面了。

那天，他们聊了很久，还相互交换了 QQ 号码。聊完后，小 Q 压低声音告诉我：“老师，我要减肥。我要向学长学习，学习他的减肥方法。”心动不如行动，第二天他就制订出了从饮食到运动等详尽的减肥计划，并且落实在实际行动中——为班级搬水、换水、倒垃圾，运动会上跑来跑去帮同学拿衣服……用他自己的话说就是：“我要珍惜每一次运动的机会，争取减肥成功！”

换了种心态，就像换了个人似的。一个活泼、开朗的男孩展现在大家面前，同学们从歧视他、排斥他变为接受他、喜欢他。

五、超越自我，度过心理阵痛期

有了良好的开端，小 Q 逐渐变得积极起来，不再迟到，不再上课睡觉，不再对任何事都漠不关心，在学习上也非常努力。可尽管如此，但由于基础实在过于薄弱，他还是感到力不从心，屡考屡败。眼看他费尽周折才找回的自信又要丧失，于是我找到他，并和他约定每科每天要弄懂一道题。我利用自修课、放学后的时间，从题目中的单词开始讲解（我们国际部上的是国外课程，题目全部是英文，也要求用英文解答），待他弄清楚题意后，再慢慢去讲题。一开始真的相当吃力，一道题反复讲，一遍、二遍、三遍……直到他弄懂为止。有时我烦了、累了，真的很想放弃，但冷静下来想想，如果连我都放弃了，他就会更加自暴自弃。我告诉自己，这是黎明前的黑暗，胜利就在眼前，一定要挺住。

就这样，坚持了两个月后，我决定放手让他自己去做。又过了两个月，有一天他做完题和答案一对，兴奋地一把抓住我的手，说：“老师，这是我进入高中后第一次自己做对题目，看样子我还不笨唉！”那手舞足蹈的样子就像拾到宝贝一样。

随着知识点的不断攻破，小Q做对的题目越来越多，后来我发现他开始和其他同学一起探讨了。他不再懒散，不再颓废，不再胆怯，取而代之的是积极活跃、充满朝气、充满自信。

统考前，小Q满怀信心地对我说：“老师，我各科一定会考到C以上。”我笑着说道：“你一定能做到，老师等着你的好消息！”于是我们击掌为约。而在那一刻，我深深体会到，教书育人必须从“心”开始。

>>> 张为宏·江苏省无锡市第一中学

引导学生向善向美

刚接手初二（6）班时，我心中忐忑不安，因为这是一个不寻常的班级，一个早已“名声在外”的班级：班里有七个学习比较差的男生组成了一个同盟，他们没有学习目标，行为习惯很差，经常违反纪律，缺乏自觉性、自制力，在班里沆瀣一气、兴风作浪。仗着人多势众，他们经常喝酒打架，顶撞老师。但是他们也有自己的原则：从来不欺负弱者，只教训蛮横霸道、欺负女生的同学；从不打本班同学，只帮助本班同学去教训别的班的同学。于是，全班学生称呼他们为“江南七怪”。

我这个班主任刚上任第一天，整个班级就被他们搞得乌烟瘴气，我也围着他们疲于奔命。我知道，这样下去肯定不行，我必须想办法转化这个小团体，否则今后的班级管理根本无法进行。

在接下来的日子里，我仔细观察他们的表现，发现他们并非一无是处，他们很团结，很讲义气，如果班里哪位同学有困难，他们就会伸出援手；他们也很有“绅士风度”，经常帮女生做一些体力活，如搬书、擦窗户等；他们还很有班级荣誉感，每次组织班级活动时都献计献策，积极参与……我一边观察他们，一边思考、制定转化他们的方案。

一、从兴趣入手，拉近师生关系

我班“江南七怪”的领头人物叫小建，身高一米八，嗓门儿洪亮，做事勇猛、果敢，每次打架都冲在最前面。他正直、冲动、易怒，谁都不敢惹他。有一天，我发现他喜欢打篮球，而且打得还不错，还喜欢看中国男篮的比赛。我喜出望外，当天放学后，我换上球衣来到篮球场上。他见到我后稍微有点儿意外，但很快又专注于他的比赛了。我们开展分组对抗赛，我和他分到一组，他凭借身高优势打内线，我则发挥体形优势打后卫，我们内外配合，赢了好几局。

休息时，我表扬他的内线脚步真不赖，篮下强攻有技术，也有力量。他不好意思地挠了下头，红着脸小声说："没想到老师也会打球，而且投篮这么准。"第二天，他对我的态度发生了微妙的变化，之前的敌意消失了，眼神里有了些许亲切。后来，我让他把"江南七怪"组织起来成立班级篮球队，每周训练一次。慢慢地，他们对我不再那么抗拒了，也开始跟我说学习的事、家里的事。我隐约感觉到成功在向我招手。

陶行知先生说："学校里师生应当相依为命，不能生隔阂……人格要互相感化，习惯要互相锻炼……师生共同生活到什么程度，学校生气也发扬到什么地步。"要让学生把我们当"自己人"，就必须多和学生接触，多和学生打交道，多和学生共同生活，使自己融入学生的生活，成为学生群体中的一员。尽量多了解、掌握学生的"背景"材料，努力找到与学生的共同话题，了解学生的所思、所想、所知，找到教育与学生所需、所学的结合点，唯有如此，我们的教育才能有的放矢。教师也应当尽量让学生多了解自己，成为学生的朋友或伙伴，让学生感到安全、亲切、可靠。

二、以重新制定班规为契机，引导学生自我约束

自接手班级后，我发现所有班规校纪对"江南七怪"都没有任何约束力，他们为人处事随心所欲、为所欲为。无论严厉批评还是罚写检查，无论请家长还是给处分，所有惩罚措施对他们都无效。到底怎样才能约束他们？我一直冥思苦想，却长时间不得其解。

转机来自一堂班会课。那节课上，我让大家谈谈对班规的看法，允许大家畅所欲言——只要是心里话，说什么都行。起初，"江南七怪"不愿作声，后来我鼓励他们各抒己见，他们终于把心里话都说出来了。他们认为班规过于烦琐，管得太多、太死，让人感觉像是生活在囚笼中，没有自由，没有趣味。听着他们的意见，我脑海里灵光一闪，于是对他们的意见表示赞同，然后趁机提出建议：由他们重新制定班规，并且在下周的班会

课上进行讨论，直到全班一致通过为止。他们简直不敢相信自己的耳朵！自从上初中以来，他们一直都是老师们的“眼中钉”“肉中刺”，哪有机会参与班级管理呀？整整一周，他们都沉浸在兴奋之中。不管课前还是课后，只要一有时间，他们就聚在一起讨论。刚开始，他们提出来的都是如何让自己免受惩罚的规则，结果被小建一一否决了。他说这是他们第一次为班级做事，一定要做好，不能让老师失望，不能让同学瞧不起。其他人觉得有道理，于是，他们纷纷建言献策。一周后，我班历史上最全面的班规终于出台了，班会讨论后全票通过。那一刻，他们每个人脸上都露出了自豪的微笑。

会后，我们来到篮球场上进行班级篮球队集训。休息期间，我表扬他们制定了初二（6）班史上最好的班规，他们的脸上露出了少见的羞涩笑容。接着，我又诚恳地说：“你们给老师支支招儿吧！现在班规制定了，我们怎么才能使它真正发挥作用呢？”“如果操行分不及格，禁止参加球队训练！”“如果操行分不及格，不能代表班级参加比赛，直到争取加分至及格为止！”“如果操行分不及格，应该让语文老师布置命题作文！”……原来这些才是他们最恐惧的惩罚！直到此刻，我才发现自己终于有些懂他们了。

“班规是你们制定出来的，你们能带头遵守吗？”我故意问道。“能！”他们竟然异口同声地回答。那一刻，我们会心一笑。此后，在很长一段时间里，他们很少再违纪了，即使偶尔犯些小错，也会被他们自己制定的惩罚措施治得服服帖帖。

三、寻找“美丽瞬间”，让学生融入集体

自从让他们制定班规后，他们的表现确实有了很大提升，但是在四人合作学习小组里，他们还是最不受欢迎的人。因为他们学习基础太差，学习动力不足，作业也经常完不成，所以老是拖后腿，导致小组被扣分，其他组员意见非常大。甚至有小组长在班干部会议上提出：“既然他们一无是处，干脆让他们独立出来组成一个小组，自生自灭算了。”

面对这种情况，我的内心无法平静，我一直在思考：如何才能让他们

不再被嫌弃，重新找回班级归属感？如何才能让同学们接纳他们？后来，我偶然看到皮格马利翁的故事，深受启发。于是，我把这个故事讲给全班学生听，并且提出开展“寻找（6）班美丽瞬间”活动，大家一致表决通过。

这个活动的主要形式是：每天的班级点评时间，由一名学生分享自己在班里发现的感动瞬间，全班按学号轮流负责。我要求每个轮值学生都要仿照“感动中国人物”的颁奖词来写稿子，并且每份稿子写完都要贴在黑板上，一周后才能取下来。在活动最初几天，我特意私下交代轮值学生要重点关注“江南七怪”。

果然，第一天的“美丽瞬间”点评就收到了奇效。那天，“江南七怪”之一的小俊在自习课上发现老师站着批改作业后，主动去办公室搬来了凳子，而这位老师正是一向以严格著称的数学老师，平时没少教训他们。在当天的班级总结中，小俊被隆重地请上讲台，先由轮值同学念颁奖词，然后请小俊接受我们班特有的表彰。此刻的小俊大为惊异，毕竟以前只有各方面表现都比较优秀的同学才有可能受到这一表彰。接着，由他所在的小组组长代表大家献花（塑料花，可循环利用），感谢他为小组争光，为小组争取加分。他在同学们雷鸣般的掌声中流下了幸福的泪水。

此后很长一段时间，小俊再也没有出现过让小组扣分的行为。作业不会做，他会借小组长的作业花很长时间去琢磨研究，甚至先把答案背下来，再尝试去做。虽然办法笨了点儿，但是小组内的同学都看到了他的努力，慢慢开始接受他了。

同样，在接下来的几天里，轮值同学陆续发现“江南七怪”中某某值日时多扫了两组地板、某某的作业全写完了、某某连续两节课没睡觉……慢慢地，他们变得自信了，不再是班级的异类，渐渐融入班级学习生活中，我们班的班级管理也逐渐走上了正轨。

这就是我与“江南七怪”斗智斗勇的故事。我知道故事还没有结束，而我将一如从前，与他们携手前进，共同成长。

>>> 刘国富 · 广东省珠海市南屏中学

初中阶段特殊学生教育策略探究

同样是头顶蓝天，脚踩绿地，有些学生并不一定能抬起头；同样是花季年龄，坐在宽敞明亮的教室里，有些学生并不一定成长得健康快乐。在多年的班主任工作中，我把“让学生抬起头来看见更广阔的天空”作为教育理念，积极探索特殊学生的教育策略，取得了一定效果。

一、精选契机，适时引导

特殊学生教育的难点在于有时无从下手；有时切入点不合适，交流不顺畅，师生关系会陷入僵局。如果教师能够运用教育机智抓住重要教育契机，问题往往就会迎刃而解。

小悦是一名爱管闲事、以自我为中心、很邋遢的女生，她也因此遭到全班同学的排斥。初一下学期，我接手该班后意识到问题的严重性，可如果立即简单制止小悦的一些行为或对她进行说教，不但效果不佳，也不利于后续教育工作的开展，甚至使同学们对她更为反感。于是，我沉住气，等待合适的机会。

一次家访时，我得知小悦的父亲以前在国旗班服过役，退役后到某知名公司专职做拓展培训。我顿时想到如果开展一些拓展活动，一定会有益于班级建设，也会让大家改变对小悦的看法。我一提出这一想法，小悦父亲就满口答应。不出所料，那次班级拓展活动非常精彩。小悦父亲高挑、健硕的身材，严肃、威武的军人风范，幽默、有趣的引导，都给学生留下了深刻印象。

活动过后，大家果然开始改变对小悦的固有印象。趁热打铁，我找小悦进行了一个多小时的长谈，教她怎样完善自我、怎样与同学和谐相处。

我还鼓励班里一个比较沉静的女生与她同桌。

如今，小悦已经不再孤独，基本被班集体接纳了。

二、真心赏识，及时表扬

美国心理学家威廉·詹姆斯（William James）认为："人性最深刻的原则就是希望别人对自己加以赏识。"对特殊学生来说，赏识不亚于救命的稻草。

小杰天生小脑发育不良，平衡感丧失，走路时要像鸭子般迈着外八字步，双手加大甩的幅度，才能保持身体平衡。从小到大，他都是在讥笑中度过的，为避免出丑，到校后他就一直坐在座位上。

我见小杰语文学得很好，也很喜欢诗歌，便特地在语文课上安排课前三分钟诗歌朗诵表演环节，并且让他第一个参加。他选择了徐志摩的《再别康桥》。虽然平时已背得很熟，但在我面前脱稿朗诵时，他仍紧张得满脸通红，双腿直发抖。他表示要放弃，但在我的真诚鼓励下，他承诺一定会站在全班面前朗诵。

到了朗诵那天，小杰跑来告诉我，他想站在座位上朗诵，在讲台上怕站不稳。我知道，他其实是在逃避。我再次鼓励他说："不要回避，勇往直前才能让自己的内心变得强大。"结果，在全班热烈的掌声中，他稳稳地站了三分钟，用他那被忧伤染过色但又不失青春稚气的嗓音征服了每一个同学。

学校组织给一名手有残疾，需要做手术的学生捐款时，小杰主动请我帮他找到那个同学的家庭住址。他说："我要亲自去他家，不仅在经济上尽绵薄之力，更主要的是去支持他，和他并肩走过注定要比别人难走的人生路！"

三、尽心尽力，持续关注

教育的难处在于它的反复性。教育案例中虎头蛇尾的现象比比皆是。

一些特殊学生的问题也往往因此得不到彻底矫正。

进入初中后，学生宇发现自己的左手居然比右手要小，而且左手越来越没有力气。经医生诊断，他患有先天性桡骨发育不良。他难以接受这个事实，情绪很不稳定，渐渐变得孤僻起来。我接手他所在的班级时，他正准备做第二次手术——拆钢钉、钢板。我知道，同学们的关爱是他克服困难、坚强起来的关键因素。于是，我决定把每一项工作都做细致，让他感到有温暖的班集体做自己坚强的后盾。

手术前一天，我买来彩色纸片，发给每一位科任老师和全体学生，让大家为宇写上祝福和鼓励的话语。在得知宇因为家庭困难而没钱租床位，做完手术就回到家，麻醉过后疼痛难忍的消息后，我赶紧提着牛奶、水果到他家去安慰他、鼓励他。他休息一周后，我安排班上两名优秀学生帮他补课；我每周都会找他谈一次心；我还推荐他看《叫我第一名》《阿甘正传》等励志电影，看完后我还跟他交流。

我无微不至的关怀让他备受感动，使他渐渐走出左手残疾的阴影。他的人生路还很长，我坚持用心教育他，他或许能走出更好的人生路。

我们的肩上不一定有牛顿，但一定有学生的幸福与快乐。尤其是特殊学生，他们需要更多关注，需要有针对性的教育。持续探究有效的策略，让他们能够抬起头来，挺直腰杆，自信地看到广袤的蓝天，作为教育者，我们责无旁贷。

>>> 张金花 · 广东省深圳市万科城实验学校

第三辑

学生青春期问题教育策略

当老师遭遇学生暗恋

由于初一、初二英语老师过于温和，在课堂上不怎么管纪律，Roy 因此养成了在英语课上讲话、睡觉，不交英语作业的坏习惯，但他凭借着一点儿小聪明把成绩维持在及格线左右。初三换老师了，Roy 想认真学，一再要求我这位新英语老师对他“特别关照”。我和他一起总结经验教训，并制订了每天的计划，提出了每天的要求，他很虚心地接受了我的建议。从那以后，我经常毫不客气地指出他的缺点，有时也多给他布置一些课外拓展题目。放学后，他经常留下来跟我讨论问题。

有一次，他在英语日志中写道：“阿蔡姐是一位美丽、善良、负责又出色的老师，我以后找女朋友就要找像您一样的。”三八妇女节那天，我一到办公室就发现桌上放着一枝美丽的玫瑰花，旁边还有一张卡片，上面写着：“祝阿蔡姐三八妇女节快乐！”署名是“Roy”。周末他也经常发信息给我：“阿蔡姐在干吗？周末好无聊，好想周一快点儿到来，可以见到阿蔡姐，一起讨论问题。”渐渐地，我惊讶地发现，他跟我说话时不敢直视我，还老是红着脸。凭着女性的直觉和自己的亲身经历，我感觉 Roy 一定是对我产生了特殊的好感。

记得我读初二时，遇到了一位睿智、热情的数学老师，他的优秀和关怀很快让我对他产生了一种说不清、道不明的情感。我知道，那就是传说中的暗恋。于是我拼命学数学，以优异的成绩引起他更多的关注。那时我也不想过周末，因为看不到数学老师很难受；我跟他说话时也不敢直视他，脸热辣辣的，红得像天边的晚霞。但我的数学成绩却突飞猛进，从开始的 80 多分到后来的全年级第一。他鼓励我考市里最好的重点高中。我怎么能让他失望呢？最终我如愿以偿……每当回忆起这段往事时，我对那位数学老师都感激不已。自始至终，我都没有把我的感情挑明，而随着紧张的高中生活的开始，我接触到更多新的老师和同学，心中那种特殊的情感才慢慢淡去。现在的 Roy 不就像当年的我吗？于是，我装作毫不知情的样子，一如既往地关心他、辅导他，并鼓励他考市里的重点高中。中考一天天逼近，Roy 的各科成绩都有了很大提升，他对自己充满信心。中考前一天晚上，我打电话到他家里，嘱咐他做题要细心，要沉着应战。终于，他顺利考取了理想的学校。

放榜的当天晚上，我收到 Roy 的 QQ 留言：“老师，其实您刚刚接手我们班时，我对英语的兴趣不大，但是因为您，我改变了。我不再在英语课上讲小话或者发呆，反而是和您‘争论’，也是这种方式让我感到其实语法并不乏味。说真的，没有您，我真的没有今天；没有您，我也许还在哪个角落郁闷呢。初中最后一年，还好有您。以后看到这种非母语却十分实用的语言，我就会想起您——阿蔡姐。”

Roy 上高中了，节假日总会给我发来祝福短信，而我则鼓励他好好努力，我们之间一直保持着联系。试想当初我的数学老师或者现在的我，发现了学生的这种特殊情感之后，刻意疏远学生或直接找学生谈话，做所谓的思想工作，那么当年的我或者现在的 Roy，会不会因为心中的秘密被直接戳破，感到无比尴尬而疏远老师以致成绩下降呢？ Roy 是个懂事的孩子，知道每个阶段什么对自己最重要，所以他也跟当年的我一样，选择了保守秘密。

青春期的孩子对异性有好感是很正常的，不管他暗恋的对象是同学还是老师，我们都不必大惊小怪。除非这种感情已经严重影响了孩子的生活和学习，这时候老师和家长的心理疏导和干预才是必需的，而且我们应该非常小心地保护孩子的自尊心，用智慧与真诚引导孩子走出青春期的迷雾。而如果孩子懂得取舍，知道轻重，明白事理，愿意把那份美好的情感留在心中，并在这种情感的激励下奋发向上，我们就不必想得那么复杂，做得那么明显了，就让它永远成为彼此之间的秘密吧！

>>> 蔡敏慧 · 广东省深圳市福田区上沙中学

“五毒”学生变形记

一、“毒”风蔓延

八（1）班，全校闻名的脏乱差班级，学生在课堂上顶撞老师的事情时常发生，违规违纪更是家常便饭。而这一切都源自一个号称“五毒俱全”的学生阿杰，他逃课、抽烟、喝酒、打架，以欺负同学为快，以制造事端为乐，成天混日子。班里有七八个学生跟着有样学样，搅得各科老师几乎都上不成课。因此，家长头疼，老师头疼，学校头疼……原班主任甚至因此辞职。再不采取措施，后果不堪设想。

二、紧急整治，重新开始

10 月 17 日，我走进教室，正式接手该班。

我做的第一件事就是进行班级调查，主要让学生回答两个问题：①你认为我们班状况怎样？②你认为造成这种状况的原因是什么？调查结果显示，70% 的学生认为班级状况“很烂”，造成的原因是“极少数同学”。

鉴于这种情况，我当即做出规定：重新开始，既往不咎，再犯重罚！我心里清楚，管理或者教育、引导一个班集体，第一要务就是稳定人心。这个规定就是为了让全班学生的心安定下来，也给那些调皮捣蛋的学生指明了努力方向。

接下来，我开展了两项活动。

第一项，跑操。全体学生到操场上跑操，目的是让他们感受班集体的力量，提振士气。四五轮下来，大家终于找到了感觉。

第二项，治理班级环境。发动全班学生彻底打扫教室卫生，不放过任何一个死角，以这种方式彻底告别过去。一番辛苦之后，教室整齐、亮堂多了。一个崭新的环境会带给大家一种全新的感受，学生会不由自主地热爱、珍惜这个环境，从而达到环境育人的效果。

至于阿杰，我了解到其实他只是个被宠坏的孩子，品质并不恶劣。他的母亲去世早，丢下他和姐姐，爸爸常年生病，家境虽不富裕，但爸爸和姐姐都比较宠他，因而使他养成了一些不好的习性，其实他本质上还是善良的。我还发现，在此次劳动中阿杰态度很积极，办事也细心。

于是，我在活动总结时说道："教室是我们每天学习的地方，干净整洁了，大家待在里面才会心情舒畅。今天的劳动，大家都表现得很好，尤其是阿杰同学，他刚才的表现大家有目共睹，是不是啊？""是！"学生齐声答道，跟着响起了热烈的掌声。我看到阿杰显得有点儿不好意思。

三、让不良言行无处遁形

为了及时了解学生的情况，我又宣布了一条新规：每天写生活、学习日记，对班上不好的言行提出批评，促使其改进。目的就是让全班学生都来关注班里的不良现象。与此同时，我根据每天日记中反映的情况，不断地找学生谈心。其中被找来谈心次数最多的人就是阿杰。

此外，我还不断地利用午自习时间给大家读一些德育方面的时文，比如《俞敏洪在北京大学开学典礼上的演讲》《一位台湾校长的演讲》《一碗清汤荞麦面》《齐刷刷的目光》《把垃圾踩在脚下》等，目的是告诫学生：做人比做事更重要，做人在做事中培养；做人要有所为，有所不为。

一个多星期过去了，各科老师普遍反映，班里的纪律明显好转了，学生作业认真了，教室、卫生区也干净了；很多学生在日记中说对班级和学习有了信心和希望，自己也比以前进步了；就连阿杰也表现得很好，没犯过什么大错误。

四、给学生最后一次机会

然而，11 月 4 日上午，一件令人震惊的事情发生了：阿杰和三名九年级学生一起逃学了。事先一点儿迹象都没有，消息得到确认时，我实在感到困惑不解。好在当天下午这几个孩子都被找了回来，他们说逃学的原因是厌学。

三名九年级学生被家长领回家教育一周。因为阿杰家里没人照管他，我请学校再给他一次机会。不过，他必须接受必要的处罚：写一份 500 字的检讨书，每天参加班级卫生打扫。与此同时，请家长配合不让孩子带手机，不给孩子多余的零花钱，周末不准孩子到外面逛。

接下来，班级开展了每周“成长进步之星”评选活动。学习上我对阿杰的要求只是尽可能听课、写作业，但给他安排了很多事情：每天坚持清扫卫生，到学校食堂帮忙整理餐具、扫地、拖地等（可免生活费）。这些活是阿杰能够胜任的，我就是想让他每天过得很充实，这也是在磨炼他的性情。此外，我还给阿杰借来了适合他看的书，像《草房子》《生物未解之谜》《有趣的化学》等，并要求他写读后感。读完《草房子》，阿杰在日记中写道：“这是我看过的最好的书。……老师，这样的书还有吗？”我说：“有！只要你喜欢看。”

11 月 26 日早读课，我宣布了本周“成长进步之星”名单，其中就有阿杰。

教育是慢功夫，教师要允许孩子犯错并给予其改正的机会。育人要在具体的活动中进行，教育无处不在，关键在于教育者的设计和引导。

五、记录成长进步的节拍

12 月 2 日周一晚自习，我见阿杰正在写日记，就提议让他写写自己近期的变化，因为近期食堂师傅开始对阿杰刮目相看，认为他品行很好，做事认真、细致，不滑头、守规矩，甚至他每周还节省零花钱还清了以前借同学的钱。

第二天一早，阿杰把日记交给了我。我看罢很是惊喜，当即宣布给阿杰加一颗星。这是阿杰上初中以来第一次获得老师这么大的鼓励和肯定！以下是阿杰的日记：

12月2日　星期一　晴

我觉得自己和过去相比有了很大变化。

以前我和别人说话，几乎句句是脏话，现在不说脏话了。以前我一直认为只要别人惹了我，我就要报复人家，做事随心所欲，想怎么干就怎么干，根本不考虑后果，现在不是了。比如，上周，我听到七年级一个男生背后说我在寝室里抽烟、喝酒、打架。那是我以前干的事，现在根本没有干过。我当时很生气，找到他当面质问，他居然还狡辩不承认。后来，我把证人找来了，他再也赖不了了。我当时真想把他按倒一顿死捶。但是，我一下想到了老师，想到了我爸我姐，最后还是算了。

以前我上课时喜欢和别人说话、做小动作，喜欢动不动就打别人几下，现在我已经能够克制住自己了。

以前我喜欢乱丢垃圾，自从我每天扫地之后，才发现乱丢垃圾真是气人，现在我决不乱丢垃圾。以前我不爱干净，自从我在食堂洗碗、扫地、拖地后，才发现不爱干净的坏处，现在我很爱干净。

我觉得我也应该长大了，不能再像以前那样不懂事了。

真的，阿杰几乎改掉了原先所有的毛病，这多么难能可贵！

从那以后，我开始要求班里所有学生都坚持写成长日记，记录下自己成长、进步的节拍。

如今，我接班近两个月时间，这个班级渐渐有了起色，很多调皮捣蛋、厌学的孩子也开始转变。成长、进步，没有完成时，只有进行时，阿杰正努力前行在路上。当然，同样在成长、进步的还有很多人，包括我在内。

>>> 孙玉成 · 安徽省六安市人民路学校南校

当小错不断遇上爱与期待

新学年伊始，我接手了刚刚组建的初三（1）班。班里学生情况参差不齐，其中小易最为特殊：初二时他几乎是“大错三六九，小错天天有”，还受到过留校察看处分，他的父母一度对他失去信心，他还因为厌学在家里待了大半个学期。小易的状况确实糟糕，但教师的良心和责任感让我清楚地知道：决不能轻易放弃他！

一、鼓励与赞美，叩响封闭的心门

开学第二天，小易就开始不安分起来，上课不认真听讲，还和同桌说话、打闹。这样的情况持续了好几天，于是我调换了他的座位。随后，我把他叫到办公室里，问他是否知晓此举之缘由，他倒是快人快语：“知道，和同桌说话，影响他人。”我笑着说道：“挺机灵的嘛！那你们俩谁先和对方说话的？”他见我发问，便赶紧解释：“是我找他的，不关他的事。”我夸奖他说：“还蛮讲义气的，如果你对老师也这么讲义气，那我可真是感动啊！”听后他不好意思地笑了。我趁机问道：“那老师在没讲明原因的情况下就把你俩调开了，你接受吗？”“我接受，我俩初二时同班，比较熟悉了，坐在一起我肯定会影响他的学习，调开对大家都好。”小易的“大气”令我感到吃惊，于是我真诚地对他说：“谢谢你的理解，我希望你们以后无论在学习、纪律，还是友谊上，都更上一层楼！”

这次谈话让我发现了小易身上的闪光点：重感情，敢于承认错误。多年的班务工作经验告诉我，这类学生很在乎老师对自己的赞美和评价，有时甚至老师一个充满爱与期待的表情或动作，就会对他们的成长产生积极影响。从此之后，我细心留意小易的每一点进步，及时给予肯定和表扬，而对他所犯的小错误，我会委婉地进行批评、教育，以免伤及他的自尊心。一段时间过后，小易渐渐从心理上接受了我，并与我成为无话不谈的好朋友，他身上的“问题”“毛病”也少了很多，用他的话说就是：“老师对我的好是真的好，不但尊重我、呵护我，而且从不让我难堪。我不能不讲信用，让老师生气、难做。”

对学生而言，细心呵护他们的自尊，保护他们稚嫩的心灵，给予他们一定的鼓励和赞美，比什么都重要。

二、尊重与信任，唤醒生命的感悟

学生的问题总是会反反复复。一天，初一（3）班的班主任韩老师向我告状，说小易敲诈她班上的小照同学，吓得小照同学不敢留在学校里。我听后意识到事情的严重性，但凭我对小易的了解，我想可能另有隐情。于是我第一时间把小易叫到办公室，询问事情的来龙去脉，原来小照把与他同班的小易的堂弟弄伤了，对方向他索赔医药费未果，便找来堂哥帮忙去要。小易找到小照，叫他第二天带 20 元医药费来，不然就揍他。

了解事情的原委后，我问小易：“如果小照今天没带 20 元钱来，你真的会揍他吗？”“当然不会，老师，您说过无论发生什么事，动手打人都是最大的错误，我记着呢！我也就是吓唬吓唬他。”“可小照被你吓坏了，他打算上完两节课就离开学校，幸好被他的班主任韩老师及时发现，否则后果不堪设想！”小易低下头，满脸委屈地说：“老师，我没想到事情会变成这样，我愿意承担责任。”看到他的态度诚恳，我便带着他来到韩老师的办公室，他把事情的原委叙述了一遍，并对自己给小照和韩老师带来麻烦表示了歉意。

事情处理好之后，我对小易说：“今天这件事，让我既生气也欣慰，生气的是你处理事情时不动脑筋，武断冲动，从而让简单的事情变得复杂起来；欣慰的是你能及时发现错误，并勇于承担、改正。以后切记，万不可再犯这样的错误！”小易点点头，愧疚地说：“老师，对不起，又给您添麻烦了，以后我一定不会再这样盲目冲动了。而且这件事使我明白：冲动是魔鬼呀！”看着他憨憨的样子，我不由得笑了。

此后，小易一度成为班级调解员。我多次让他处理同学间的小纠纷，以此培养他的集体荣誉感和责任感。而让他的心灵受到震撼的，是一次我组织学生观看关于汶川大地震的事迹报道。特别是看到地震发生时，一个15岁的少年没有独自逃生，而是勇敢地冲进教室营救同学时，小易更是泪流满面。后来他告诉我，作为同龄人，这个少年的英雄事迹深深地打动了他，让他懂得了什么样的行动才是让人敬佩的，也让他感悟到了一个人生命的价值和意义。

教育成功的秘密在于尊重学生。我庆幸自己没有简单粗暴地处理这件事情，而是在尊重与信任的基础上先弄清楚事情的原委，然后对症下药，让小易自己觉悟并改正。

三、期待与引导，激发内在的潜力

看着小易的行为越来越端正，纪律性越来越强，我颇感欣慰。但我深知，不能仅仅停留于此，若想小易百尺竿头，更进一步，还必须让他树立适当的学习目标，激发他的学习潜力，否则很容易前功尽弃。

由于小易的学习基础着实很弱，学习习惯也较差，因此，我最初对他在课堂上的要求只是能听懂的就尽可能去听，听不懂时可以趴在桌子上，但决不能影响其他同学。能做到这一点对他来说已是费了九牛二虎之力。后来，我要求他上课时始终保持全神贯注、认真听讲的状态，可效果始终不好。正当我为他的学习问题颇费脑筋之时，我偶然发现小易近来与学习成绩不错的小晨走得很近，而且数学成绩有了很大提高，多次得到数学老师的表扬。于是，我决定让小晨这个榜样来引领他。

我约小易聊天，主要是聊他最近的表现和进步，继而谈到对他新的期待：像小晨从前一样，先选一两门比较感兴趣或是基础还可以的学科，尽最大努力把这些学科学好，从而使名次前进几名。我细心捕捉着小易脸上的表情，发现他虽面带难色，但也有一丝期待。我及时鼓励他：即使只学好一门，也可以证明自己。接着，我认真分析他的学科情况，并结合平时和他谈话时所反馈的信息，肯定了他的表达能力和理解能力，最后我们确定了他最有可能实现突破的学科——语文。

第二天，我带着小易找到语文高老师，介绍了小易的情况和目标。高老师当即给了他很多鼓励和建议，并对他承诺，学习上有任何疑难问题可以随时询问。小易也不负众望，上课听讲非常认真，发言也很踊跃，遇到难题时先积极思考，实在解不出来时便会虚心向老师、同学请教。由于自身勤奋努力，加上各科老师的悉心指点和真诚帮助，小易在期末统测中进步很大。这不仅极大地提高了他的学习兴趣，增强了他的自信心和上进心，而且也激励了班上其他同学，大大地带动了班级学风。

小易正在慢慢成长，正如罗森塔尔效应所揭示的：教育是一种滋润。在充满爱的鼓励、信任和期待中，教育更是一种唤醒。

>>> 崔云·江苏省南通市通州区新联中学

一场青春期的情感躁动危机

一、被爱吓坏了的女孩

周日傍晚，小静妈妈打来电话，说小静最近几个星期回家时心情都极差，常躲在自己的房间里偷偷哭泣，这次更是坚决不愿意回学校，说不想上学了，问她原因也不说。家长急得不行，问我该怎么办。

小静品学兼优，性格柔顺，怎么会出现这种情况呢？我想了一下后，请小静妈妈先和孩子好好谈谈，看看能否找到症结，我也去班里了解情况，然后再商量解决办法。

我从小静的好友处得知，让小静痛苦的根源居然是小东——班级的体育委员。小东性格内向，学习一般，平时从不惹是生非，但就是他，从高一下学期开学开始，狂热追求小静，虽多次遭到拒绝，但仍然纠缠不放。这件事对班里部分学生产生了一定影响。

与此同时，小静的妈妈也了解到了相同的信息——正是小东的纠缠和同学的议论让小静产生了巨大的精神压力。小静觉得只有轻浮、不检点的女生才会招惹男生，她担心现在同学们都觉得自己就是那样的女生了，所以才产生了厌学情绪。

掌握基本情况后，我立即跟小静通了电话。我说："首先，老师想告诉你，你受委屈了。老师理解你的难过，这也有老师的疏忽，老师对不起你。其次，这件事你处理得很好，都是小东的错，他不该一直纠缠你，老师一定会做他的工作，让他保证以后不打扰你。最后，老师想对你说，你是个可爱、漂亮、上进、优秀的好姑娘，老师喜欢你，同学们也都喜欢你，所以你吸引了小东。当然，以后进入大学或步入社会后你还可能会吸引别的优秀男孩，千万不要因此觉得丢脸，这说明你是有魅力的，你应该因此感到骄傲和自豪！老师希望你能更自信一些，更勇敢一些，不要为别人的错误伤心自责，要积极勇敢地面对成长过程中遇到的一些问题。今天晚上就让爸爸妈妈好好陪在你身边，我相信明天你一定能勇敢独立地走进教室，可以吗？”连续问了两遍后，我终于在电话里听到了一声弱弱的“嗯”。

二、以爱的名义命令你

我进入教室找到小东，然后一言不发地带着他直奔操场。

“围着操场跑四圈吧。”我说。

他一头雾水地看着我，很明显，他不愿意，但还是跑了起来。我站在旗杆下看着他跑。四圈下来，他已是气喘吁吁。

我们面对面站着，我问：“刚才跑的时候，有什么想法吗？”

他没吭声，有些不服气的样子。

我说：“没想法？那好吧，再跑四圈。”

他没有挪步，我大声命令：“跑！”

他只好又跑了起来。四圈下来，他已汗流浃背。

紧接着，我又发出了第三次命令：“再跑四圈。”

这时，他开口了：“老师，我跑不动了，我想知道您到底为什么要这么做。”

我说：“我这样做的目的有两个：一是可以消耗你过于旺盛的精力；二是想让你体验一下屡次被强迫做自己不愿意做的事情是什么感受。”

他低下了头。

我说：“如果我每天都像这样让你到操场上跑个十圈八圈的，你愿意吗？你喜欢吗？”

他还是没吱声。

我继续说：“如果我说我这样做是因为我非常喜爱你，你认可我的说法吗？你觉得一个人可以因为自己喜欢而不管不顾别人的感受，让那个被喜欢的人痛苦、难堪吗？”

他终于开口了："老师，您都知道了？"

"知道什么？"我故意问。

他又沉默了。

"我听闻了一点点关于你的事情，但我不相信他们说的那个男生是你，我想听听你的说法。愿意和我谈谈吗，像朋友一样？"我的语气缓和下来。

他依然沉默着，我感觉到了他内心的挣扎。我静静地等着。

过了三四分钟，他终于开始讲述他对小静的喜爱与追求。他说他喜欢小静的美丽大方、温柔随和、学习优秀、乐于助人，自己难以控制对她的喜欢，希望通过各种信息传递让她注意到自己，小静的多次拒绝并没有浇灭他心中的火焰，反而进一步激起他的征服欲。最后，他说："老师，现在看到小静天天闷闷不乐、学习下降，看见我就像老鼠看到猫一样躲着我，我也很难过。我知道自己的行为已经严重违反校规了，在您心里，我是一个一无是处的混蛋学生吧？"

听了他的话，我笑了："傻小子，首先，我想说你的眼光不错呢，小静的确是个非常不错的好姑娘，说明你的审美观很棒。其次，到你这个年龄，喜欢女孩子也是很正常的事情。但是，小东，你想过吗？你给自己喜欢的人带去了什么？是幸福、快乐，还是痛苦、焦虑？还有，你表达爱意的行为是否得当？或者，是否该强迫对方接受你的爱？爱一个人，不但是激情，更是责任！爱一个人，就是希望她因为你的存在而幸福、快乐！可是，你怎样才能给你爱的人幸福和快乐呢？凭你的现在，你能给她怎样的未来？或者，你对能给自己怎样的未来都没把握吧？"小东陷入了思考。

"你看，你的行为已经给你自己、给小静的学习和生活带来了很不良的影响。你知道吗？因为你，小静现在都不愿意来上学了，她害怕见到你，所以你现在必须学会控制自己的情绪。我曾读到过这么一句话：'如果你爱一个人，先要使自己现在或将来百分之百地值得他爱，至于他爱不爱你，那是他的事，你可以如此希望，但不必勉强去追求。'现在你开始喜欢一个人了，说明你已经长大，是个男子汉了。是男子汉，就不能对自己喜欢的人摇尾乞怜，而要努力让自己各方面变得更优秀，努力把学习成绩提高，争取超过她，让她反过来对你刮目相看！那时候你才有尊严。我相信你一定能把握好自己！”

“可是，老师，我怕自己控制不了自己。”小东又说了一遍。

“我还记得这样一句话：我爱你，但与你无关。是男子汉，就要对自己狠一点儿，爱一个人也要有自己的尊严！你可以把自己的喜欢写在日记里，同时制订每日学习计划，我可以督促你完成。我希望你不要再打扰小静了。你能做到吗？”

“我觉得，学习计划我可以试试，我也一定努力不再打扰小静。”小东终于对我更是对他自己下了保证。

“那么，你觉得还有必要让我和你父母谈谈吗？”“当然不用了，老师，不要再让我爸妈生气、担心了，我能做到！”“那好，我们就来个君子协定吧！我相信你一定能做到！”

这时，下自习的铃声响了。我说：“小东，你回去好好想想我们今天说的话，明天我希望看到一个全新的你！”“会的，老师，谢谢您！”小东对我深深鞠了一躬，跑开了。看着他挺拔的身影，我心里涌上一阵感动和温暖，多么可爱的孩子啊！

三、爱很美，但风景在前方

利用一节自习课，我召开了名为“青春期，爱很美，但风景在前方”的主题班会。班会上，我主动和学生谈起自己青春期时的一些心态，谈到自己少女时代对异性的好感。说到一些趣事，学生们都听得哈哈大笑。笑过，他们七嘴八舌地说：“想不到老师那时也这样啊！”

接着，我给他们讲了我的两个没能处理好青春期情感问题的高中同学的经历，然后告诉他们：首先，青春期的好感还不能和真正的爱情相提并论，大多数情况下是荷尔蒙作用的结果（孩子们听到这里都笑了）。不要轻易把爱说出口，更不能冲动地以爱的名义强迫自己喜欢的人喜欢自己，甚至伤害对方，要把这种好感深藏在心底，用心默默守护这种美好、纯真的青春悸动。

其次，爱，更多地意味着责任，青春稚嫩的肩膀还担不起这样的责任，你们需要利用高中和大学阶段的学习充实自己，提升自己的能力，让自己变得更成熟、更强大、更坚忍。

再次，不管男孩、女孩，被人喜欢，不是一件丢脸的事，而是一件可喜的事，因为这说明你有魅力。但一定要把握好自己，不能因此行为轻浮、迷失方向，因为“自重者而人重之，自轻者而人轻之”，只有自尊自重、自爱自强的人，才能最终收获幸福的人生。

最后，我说：“孩子们，爱很美好，但风景在前方，只有在你足够成熟、足够强大的时候，你才能收获它，守护它！”

孩子们听得很认真，而且若有所思。尤其是小东，开始他一直低着头，现在他抬起了头，勇敢地看着我。我看到了他眼中的坚定，对他微笑了一下，他也笑了一下。

之后，小东再也没有纠缠过小静。慢慢地，两个孩子重现笑容，班级也恢复了平静。一个多月后的期中考试，两个人的成绩都有了不同程度的提高；期末时，他们俩已经可以很坦然地面对彼此了。

一场青春期的情感躁动危机就此彻底化解了。

四、反思：稚嫩的爱，需要尊重和引导

通过这件事，我认识到，班主任在处理青春期情感问题时必须遵循以下四大原则。

一是及时沟通，积极干预。不能任其自由发展，也不能简单粗暴地处理。

二是尊重隐私，具体对待。教育学生时，要做到指导不指责、教育不教训，注意呵护学生敏感脆弱的情感；处理问题时，要尊重学生的意愿，注意因材施教。

三是点面结合，全面教育。“点”指学生个体，“面”就是全体学生。在处理个别学生的问题时，不能忽视周围同学的评价带给他们的压力，所以，要抓住契机对班级全体学生进行青春期教育，进行正确的爱情观、人生观、价值观的引导、教育，营造良好的班级氛围。

四是家校合作，齐头并进。一定要积极发动家长，并对家长进行必要的方法指导，家校合力，共同帮助孩子度过躁动青春期。

苏霍姆林斯基说过：“教育，首先是关怀备至地、深思熟虑地、小心翼翼地去触及年轻的心灵。”青春期稚嫩的爱，不能简单打压，需要的是我们小心翼翼地尊重和引导。而教会学生正确面对爱和控制爱的情绪，更是我们教师需要不断学习和掌握的专业技能。

>>> 周俊宏 · 江苏省徐州市第一中学九里校区

爱情原本很美丽

女：你现在还是中学生，而且又到了初三，你要冲刺！你已经是大孩子了，应该明白利害关系；你现在恋爱是不可以的，是早恋，你年纪还小！

男：您一会儿说我是大孩子了，一会儿说我年纪小，到底想表达什么？要我学习时，我就是大孩子；想剥夺我恋爱的权利时，我就是小孩子。为什么实施双重标准？

女：你天天缠着人家女孩子，人家嫌你烦！

男：（声音有些激动、愤慨，甚至带着哭腔）她有权利不喜欢我，但没权利阻止我喜欢她。爱情跟年龄无关，您说我小，《诗经》里的主人公也不大呀！如果爱情真如您所说的是洪水猛兽，为什么古往今来歌颂它的诗词典故那么多、那么美？为什么那么多人为它死去活来？

女：我不管，你不要狡辩，反正你就是不应该谈恋爱。

一天上午，我如平常一样提前 5 分钟来到教室，准备上语文课，可刚走到教室门口，就听见以上火药味儿很浓的对话。

对话的两个人，一个是小航同学，一个是他妈妈。小航喜欢上我班一个非常可爱的女孩，疯狂地给她写情书。虽然女孩拒绝了他，可他仍然“死缠烂打”。女孩很害怕，将此事告诉了班主任，班主任则叫来了小航妈妈，两人打算一起劝说他，可怎样也说不通。小航酷爱古诗词，很有文艺范儿，尤其对《诗经》简直到了痴迷的地步，进而也很憧憬爱情，他认为他的爱情到了。班主任和家长对此束手无策。

不一会儿，小航妈妈红着眼圈从教室后门走了出来，她一看到我就说：“周老师，您快帮忙劝劝小航，他喜欢上语文课，也很喜欢、尊重您，您一定帮我劝劝他！”我点点头走进教室，准备上课。就在这短短几分钟里，我突然决定更换上课内容，提前上下一单元的《诗经二首》——《关雎》和《蒹葭》。

铃声响起，我宣布了课程内容。我特意观察小航，只见他非常开心，因为这是他拿手的，而且他似乎也为自己的爱情找到了依据。可以感觉到，他的眼睛都亮了。

“今天，我想先请咱们班博学的小航同学谈谈他对这两首诗歌的看法，好不好？”我提议。在大家热切的目光下，小航站了起来，脸上带着愤愤不平的神色，说道：“这是两首爱情诗，尤其是第一首，我最喜欢。文中的主人公爱得执着，爱得痴迷，是我的偶像。我不明白爱情这么美好的东西，为什么会招致那么多不和谐的声音？我建议大家都来说说自己心中的爱情。老师，您能给我们时间说说吗？”他的声音有些嘶哑，看来刚才的郁闷、委屈还没有平息。“行，大家都说说看！”我知道他们需要宣泄，便欣然同意了。于是，学生们敞开心扉，畅所欲言。不能否认，他们讲得很是生动唯美，引来掌声阵阵。

在小航的带领下，讨论越来越热烈，那美好、炽热的爱情在学生口中已经美到了极点，有的讲到了李清照的“物是人非”，有的讲到了苏轼的“十年生死两茫茫”，还有的讲到了陆游的“红酥手，黄縢酒”，甚至连小说中的人物如杨过、小龙女也被搬出来。爱情全面铺开，学生们的情绪得到发泄。在他们的口中，家长、老师大多成了《孔雀东南飞》中的焦母、《牛郎织女》中的王母娘娘，总之，都是“大煞风景”之流。我则始终在一旁静静地聆听。

待学生们发言完毕，我缓缓说道：“孩子们，听了你们的讲述，我也很有感慨，但我想问几个和《关雎》这首诗有关的问题，可以吗？”

“行，您问吧！”小航叫得尤为大声，大有“你放马过来”的意思。

“第一个问题，我想问问男生——诗中的男孩为何喜欢那个女孩？”我问道。

“因为她美，身材窈窕。”“她勤劳，爱劳动。”……学生们七嘴八舌。

“我帮你们综合一下，因为她勤劳、善良、可爱、贤淑，有美德，也就是说，她有吸引人的地方，才会为男子所倾慕，同意吗？”我说。

“同意！”大家的声音有些平静。

“第二个问题，我想问问女生——女孩为何拒绝了男孩？”我又问。

“她正在采荇菜，那是劳动的最好时节，她想抓住时机获得丰收，而不是谈情说爱。”回答者正是被小航所爱慕的女孩。

我看了看小航，他的眼神有些闪烁。

“第三个问题——男孩被拒绝以后是怎么做的，他的做法你们赞同吗？这个问题的前半部分我想问女生，后半部分我想问男生。”我继续问。

“男孩只是把爱放在心中，寤寐思服，辗转反侧，而且当他想象和女孩一起美好生活时，应该共同劳动、进步，平等向前。这样的男孩太可爱了，我们喜欢，他是真正的君子。”这是女生讨论的结果。

“现在想想，男孩确实挺有魅力的，爱得斯文，爱得深沉，首先他选的女孩可爱，值得爱；其次，他本身也很君子，给予了女孩充分的尊重。”这是男生讨论的结果。

快下课了，我总结说：“其实爱情本身很美，它千姿百态，有细水长流式的，有急风暴雨式的，也有与子偕老式的，总有一款适合你。但在爱情中，女孩要有可爱之处，要成为淑女，才可能成为‘好逑’；男孩要在恰当的时候表露心迹，尊重待人，才可能成为‘君子’。爱情的基础是尊重、平等、适时，在合适的时间做合适的事情。孩子们，你们可以喜欢某个男生或女生，但现在还不是时候，因为你们都在‘采荇菜’的最佳时节，劳动成果的多少取决于你们付出的多少。在对的时候遇到对的人，才能获得真正的幸福，我希望等你们成为君子、淑女之后，都能够品尝‘爱情的盛宴’。”语毕，全班响起了热烈的掌声。

那节课的效果到底怎样，我无法一一考证。但后来，那个女孩再也没有反映过被死缠烂打，小航也顺利考入理想的高中，据说他们在网上的互动还挺多。希望他们能够平安、健康地成长，在合适的时候去感受爱情的美好。

>>> 周燕 · 江苏省仪征市第三中学

爱你在心口不开

班里有学生悄悄告诉我："小 × 喜欢初三一个男生，她总去那个男生的班门口转悠。"我马上表示这事我知道就行了，不要和别的同学说。随后几天，我留意小 ×，果然发现不少征兆。

怎么办呢？我知道此事不能操之过急，需要等待一个好的契机。

机会很快就来了。

那天最后一节课，我走过小 × 身边时，一张稿纸恰好从她的书里飘落到地上。我拾起来，说道："你的作文？我看看。"望向小 × 时，却看到了她惊慌的神色。我明白了这是一封情书。于是，我不动声色地把那张纸折好。

下课铃响了，我说："小 ×，跟我来一趟办公室，有事找你。"

到了办公室，我拿出一张白纸，叠成信封，然后把那封"情书"放进去，再用胶水封好。

慢条斯理地做完这件事，我抬眼望向站在一旁惴惴不安、不知所措的小 ×。

"你是不是不希望老师看这封信？所以，你看，吕老师根本没看。不过，老师也不希望此时你就把这封信送出去，先放在这里，好不好？"

我收拾好一个抽屉，把信封放进去，锁好，然后把钥匙放到小 × 手里。

"这把钥匙你帮老师保管着，这个抽屉在放假前就属于你了。跑操时间到了，今天特批你不跑操了，咱俩去小操场上走走。"

小 × 紧紧握住钥匙，和我一起走下楼。

学校的小操场上浓荫密布，我搂过小 × 的肩膀，缓缓走着。

"小 ×，你知道老师很喜欢你吗？你成绩不错，语文尤其突出，现在虽然才考九十多分，但中考时一定能达到‘优秀’。科任老师也都夸你聪明，是班里的实力派呢。”

“真的吗？”

“真的。就语文而言，你的字工整漂亮，基础扎实，阅读能力很强，现在就是作文分低一些，所以老师支持你写信，一周一封，老师帮你收好，钥匙你收着，怎么样？你瞧你，钥匙都攥出水了，快放到裤兜里，别弄丢了。”

“老师，您不问我信里写的是什么吗？”小 × 脸红红地说，“我以为您要批评我，还要找家长呢。我心里特别害怕。”

“看见你的小红脸蛋，老师就知道了，不就是情书吗？就跟谁没写过似的。”我拍拍小 × 的后背，用轻松的语气说，“你们这个年纪，喜欢一个人是很自然的事情。但你还小，心理还不成熟，不能明确地知道自己喜欢什么。老师当年喜欢一个男生，不好意思开口，就每天写日记，这本日记最后也没有送出去。后来上了高中，再看看那个男生：没有喜欢的理由哇，长得也不帅，学习也不好。”

说到这里，我笑了，小 × 也跟着笑了。

“小 ×，你也一样，可以坚持写一段时间，对写作很有帮助呢，因为它倾注了你最纯真、最美好的感情，而你的作文恰恰缺少真情实感。我们给这件事起一个名字——爱你在心口不开。等到那个男生初三毕业，9 月份你也上初三了，经过一个暑假的情感积淀，如果你依然喜欢那个男生，咱们就把这些信寄出去，怎么样？”

“好！老师，我知道这些日子我学习不够用心，成绩下滑，让您费心了。以后我会用心学习，您放心吧。”小 × 眼睛亮亮地望向我。

我抓住小 × 的手用了用力，轻轻拍了拍，然后放下。

其实，我的一颗心并没有就此放下。我怕小 × 的感情真的坚持到 9 月，那时我该怎么办？然而事实证明，我的担心是多余的。

第一周，小 × 放进抽屉里两封信。

第二周，小 × 放进抽屉里两封信。

第三周，小 × 放进抽屉里一封信。

第四周，小 × 放进抽屉里一封信。

第五周、第六周、第七周没有信。

第八周，那个男生初三毕业，小 × 放进了最后一封信。

又过了两周，小 × 告别了初二。她过来对我说：“老师，我不再写信了，钥匙还给您，信我不会寄出去的。”

“你确定你的作文已经练好了吗？”我开着玩笑，“不过这次区统考，你的作文成绩是 47 分（满分 50 分）呢。”我边说边竖起大拇指。

小 × 不好意思地笑了。

“不过，”我话锋一转，“其实这是一段特别美好的感情，你把它收在心底，爱你在心口不开，这很辛苦，真是个了不起的丫头！好好学，上高中，上大学，那时候，你一定会收获一份最适合你的感情。”

小 × 认真地听着，认真地点头。

从此以后，小 × 又开始专注学习，成绩逐步提升。科任老师和我都欣喜地看到她在不断成长。

>>> 吕玖洁 · 北京市怀柔区庙城学校

放弃？放下！

作为一名年轻班主任，我在带领班级度过相对平稳的初一后，就有前辈老师叮嘱我："初二是整个初中阶段最难管的时期。"果然，一进入初二，我就明显感觉到孩子们长大了，更会隐藏自己了。家长们与我交流的话题也从初一时的学习习惯和成绩，慢慢变成孩子在学校里与同学交往的情况，而早恋成为一个重点话题。

初二下学期的一天，一位学生家长打电话告诉我："昨天下午，小石在教室里跟小一亲嘴了！"这个消息令我十分震惊！我又急又气，昨天下午我正好到市区参加教研活动，没想到就发生了这种事。本想多方打听证实的，但转念一想，小石是个诚实、单纯、成绩优异的孩子，与其让其他同学"出卖"他，还不如直截了当地问他，一来可以保全他的脸面，二来可以保护他的隐私。

小石当面承认了自己的行为，并告诉我，他喜欢小一，在教室里亲了小一的额头。说的时候，他有点儿不好意思，但却流露出倔强的神情。由于课间只有 10 分钟，我简单地对他进行了批评教育，让他晚上写一份反思，第二天交给我。他点头答应了。

第二天一大早，小石把一张折叠起来的信纸交给我。我打开一看，里面这样写道："老师，我知道自己不该早恋，但是我真的很喜欢她。记得初一时，您给我们上过一节关于青春的课。您告诉我们，对异性有好感是一件正常、美好的事情。昨晚回家后，我上网搜索了'早恋'两个字，为什么出来的内容全都是'早恋的危害'呢？为什么大家都认为早恋没有好处呢？我认为早恋有许多好处，比如……"看到这里，我知道小石并没有真正认识到自己的问题。

他后面的内容引起了我的反思："老师，我想问：您是什么时候接触到手机和电脑的呢？估计是高中以后吧。而我们上小学的时候就已经能够熟练地使用网络和电子产品了。”我突然感觉到，对这个看似单纯却很固执的男孩，一味严厉禁止是不可行的。这种感觉在我看完他的反思后变得更强烈了，因为他的最后一句话是这样的：“不管怎么样，我是不会放弃这段感情的。”

面对这样的情况，一般学生首先肯定是承认自己的错误，然后表示不会再出现此类情况，哪怕不是真心的。而小石的反应是我始料未及的。于是，我第二次找他谈心。

我先询问小石喜欢小一的原因，打算站在他的角度去帮他分析问题。他告诉我，小一是一个坚强、美丽、乐观、温柔的女孩，据小一说，她生活在一个重组家庭中，继父对她非常不好，她过得并不开心幸福。而根据我家访时的了解，情况却不是这样的。小一的继父很疼爱她，只是由于身份关系不知如何去要求她，因为要求松了不行，要求紧了也不行。于是，我把小一父母对她的疼爱告诉了小石，暗示他同情和喜欢不是一回事。紧接着，我针对他的反思进行分析，解答了他的疑惑：早恋的危害是经过无数事实证明了的，而早恋的好处则微乎其微，不管怎么说，早恋弊大于利。

然后，我问小石：“小一的成绩不太理想，你有信心与能力和她一起去验证早恋的好处吗？比如共同提高成绩。”他摇了摇头。随后，我告诉他：“陈老师并不反对你们对异性产生好感，这确实是正常的。但是做出过分的举动是不符合学生身份的，不仅影响自己，还影响了对方，更破坏了班级风气。”我将早恋的话题转移到他们在教室里发生不当行为的危害上，小石的态度明显缓和了很多，似乎没那么坚定了。于是，我要求他回去后再写一份反思交给我。

在第二份反思里，小石这样写道：“老师，我为自己在教室里的行为感到愧疚，这不仅对班级造成了坏的影响，还让其他同学说小一不自重自爱，我希望您别将这件事告诉我的爸爸妈妈。”小石提出了要求，那就说明他已经初步认识到了自己的错误，还请求我给他改正的时间。于是我趁热打铁，跟小石进行了第三次谈话。

我答应他暂时不告诉他的父母，但是他要对自己的行为所造成的后果负责。他主动要求开一次关于早恋的主题班会，并让我把这个任务交给他去完成。他还答应我会把精力用在学习上，跟小一保持正常的同学关系，不过分亲近。最后，我送给他几句话：“你可以不放弃对小一的喜欢，但是我请你先放下这段感情，等以后你有了能力，再去承担这份沉甸甸的感情，那时你得到的会是祝福。”

当然，我还是私下打电话把这件事的来龙去脉都告诉了小石的父母。小石妈妈性子比较急，经常唠叨，孩子比较怕她，她一听说这件事就火冒三丈。我安慰她不要着急，耐心等待，平时可以多留心观察孩子的表现，另外要平等地和孩子沟通交流。后来，小石妈妈告诉我，孩子回家后主动跟她说了这件事，她没有再像以前那样发火，现在亲子关系和谐了很多，以前小石回家后一句不提学校里的事，现在开始主动跟父母分享学校里的趣事、乐事了。

在小石的帮助下，本学期小一的成绩从全年级 200 名之后进步到了前 150 名，小石自己的成绩则一直保持在年级前 20 名。期末总结时，小一给我写了一封信：“老师，您跟别的班主任不一样，我现在更加明白为什么班里 ×× 等同学（几个调皮捣蛋的男孩子）那么听您的话了，也知道应该做一个什么样的女孩子了。谢谢您在我的青葱岁月里帮助我！”

>>> 陈卉馨 · 江苏省南京市旭东中学

让渴望翱翔的心灵飞起来

高考结束，我班小明的成绩为340分，超过一本线2分。这让我特别激动、骄傲。虽然这个分数并不出众，但小明的学习经历却引起我的思考：作为班主任，我们如何才能引导学生个性化地学习，让每颗渴望翱翔的心灵都飞起来？

一、一只折翅的小小鸟

高二上学期的一天，我正在上复习课，发现平时上课最爱睡觉的小明不但没睡觉，还在飞快地记录着什么。临近下课时，我表扬了他，怎料他的同桌却“揭发”他不是在做笔记，而是在写信！我很气恼，一把将他的信纸拿过来。

回到办公室，我展开信纸。

亲爱的梅：说再见的那一刻／我很难过／因为你我的开始就是一个错／我们都很天真／都想拥有一个美好的结局／但我们能吗／我们身上的翅膀只能带给我们暂时的快乐／我渴望带着你飞翔／共同度过快乐的时光／一直到老／但是我又不能／不能自私地为了自己而毁掉你／现在只有一支木棒从岸上伸向我们／它能够救我们／但有一个条件／就是不准我们再有感情／我不要你跟我葬身水底／你是那么可爱／那么快乐／我怎么忍心毁了你／如果你懂／我视你为知己……

看着看着，我的气渐渐消了。这虽是一封情书，但写得如此理性且富有文采，是我始料未及的。

课间，我找到小明，和缓地说："我想和你谈谈，可以吗？""谈谈？不就是挨批吗？"他将头歪向一边，一副无所谓的样子。我微笑着将话锋一转："小明，你的信写得真棒，我以前怎么没有发觉呢？"他先是一愣，然后偷偷看了我一眼。见状我进一步问道："既然有这么好的写作水平，为何平时不展现出来，连每周的作文都想逃？"

这时，他迎着我的目光，真诚地说道："王老师，谢谢您对我这么信任。其实，我上小学时成绩还不错，对写作也很感兴趣。到了初中，由于贪玩，我的成绩一直不好。一次，我用心写了一篇作文，满以为能得到老师的表扬，没想到老师和同学竟怀疑我是抄来的。我备受打击，发誓再也不交作文了。尽管如此，我仍然很喜欢写东西，因为在练笔本上我可以尽情地倾诉喜怒哀乐，而且每次写作后都有一种说不出的快感，但我总是偷偷写，从不给别人看，我怕别人瞧不起我。"

听了他这番话，我有些惊愕：他小小年纪，竟蒙受了如此大的心理阴影！他就像一只渴望翱翔却折了翅膀的小小鸟，想要飞却飞不高。

我能帮助他重新振翅飞翔吗？我在心里问自己。

二、给他一双个性的翅膀

思索再三后，我在他的周记本上写道："一个人的心灵只有饱受挫折，他才能像巨轮般航行于大海之中。没有岩石的阻挡，哪能激起美丽的浪花？我相信，只要你满怀信心地投入学习中，最后成功一定会属于你！努力吧，老师愿给你力量！"

周记发下后，他仍然紧锁着眉头。我知道，我的话并没能解开他的心结，他似乎不再相信自己，也不再相信别人，包括老师。我只有进一步寻找契机。

恰巧这时，学校组织高二学生参加"语文报杯"全国中学生作文大赛，师生都非常重视。我灵机一动，找来小明，抚着他的肩，说道："'语文报杯'全国中学生作文大赛开始报名了，每班只限一个名额，我想让你参加，行吗？""什么？让我参加？"他的眼中充满了惊喜。我使劲点了点头，坚定地看着他。他微微一笑，露出一对可爱的小虎牙，随即用平淡的口吻说："老师，我能行吗？"我诚恳地对他说："你已经被埋没了这么久，该是发挥特长证明自己的时候了。老师给你这双翅膀，就是要带你飞翔，我相信你一定能再次飞翔！"

事后两天，我一直有点儿不安，毕竟只是一时兴起，不知他能否好好准备。

第三天课间，我隐约感觉到小明的课桌上有些异样，定睛一看，原来上方的空白处多了一些修饰——一个"心"形的名字"小明"，旁边还有一段话："我并不完美，或许还让老师有些头疼，但请相信，我是真诚的。老师，我会努力的，不会辜负您的信任！"文字下面还画有一支丘比特之箭射向"语文报杯"全国中学生作文大赛的活动标志……

读罢，我感觉有一种暖暖的东西包围着我，一点儿一点儿触动心底最柔软的部分。我抬头看看小明，他的眼角充盈着笑，就像花儿开在春风里！

果然，小明利用一切课外时间准备比赛，他找来很多作文材料，反复构思、写作，还经常找我讨论、修改，有时仅是一个题目就打磨很多次，直到满意为止。

功夫不负有心人，小明最终取得高中组国家级二等奖的好成绩。我抓住这一机会在班上及时表扬了他。此时他挺直了腰杆，第一次露出自信的微笑。

高二下学期，小明又获得好几个奖项。丰硕的写作成果改变了他沉闷的性格，也点燃了他学习语文的激情。借助这双个性的翅膀，他的语文成绩提升飞快。我很高兴。

三、借助平台帮他飞得更高

但我的得意很快变成了失意！

一天，小明苦着脸跟我说："老师，作文好有什么用啊？我的数理化成绩不好，我永远都是父母、老师眼中的后进生！"说到这里，他眼圈一红，停顿了一会儿，然后小声说道，“我曾经努力过，但我发现自己不是学习的料！”

我知道，这个孩子正在努力改变自己，他正在痛苦挣扎。我该怎么办？正当我束手无策之际，偶然听到一个令人振奋的消息。寒假前夕，我校高三（3）班学生李冰洁以一篇《文章之场——读〈唐宋名家词选〉温庭筠词》在复旦大学“博雅杯”人文知识大奖赛中脱颖而出，并通过面试获得该校自主招生资格。也就是说，只要她的高考成绩达到一本线，她就能被复旦大学录取。

我笑了：一篇征文能够改变李冰洁的命运，同样也可能改变小明的命运。

我把报道《“博雅”女孩李冰洁》的报纸递到小明手中，掷地有声地说道：“你，就是下一个李冰洁！如果高考前你在作文竞赛上有更大突破的话，大学之门肯定会为你打开！”小明迫不及待地看完报道，然后急切地说：“王老师，真的吗？如果我努力，真的能跨进大学的门槛吗？”

见他稚气未脱的脸上微微泛着激动的红晕，我使劲点点头。在那一瞬间，我清楚地看到了他眼中的点点泪光，同时也看到了他内心渴望成功的迫切愿望。

从此，小明在写作上更勤奋了，在学习上也积极起来，他还毛遂自荐担任学校文学社社长。高三下学期，他果然不负众望，在由北京大学中文系、武汉大学文学院和课堂内外杂志社联合主办的全国中学生创新作文大赛中获得一等奖，为自己赢得了自主招生机会。此时他不但语文成绩一直领先，其他科目的成绩也有很大起色。这让我很欣慰。

更让人欣慰、激动的是他的高考成绩达到了一本线。

高考前，小明在给我的留言中写道：

王老师，您知道吗？每次您在班里读我的文章，都是我腰板挺得最直的时候！您那句‘小明，你的信写得真棒’让我有多感动！同样一件事，出自您之口与出自我初中语文老师之口，结果是多么不一样啊！如果没有您，我的写作水平怎么会发挥得那么好呢？我的成绩怎么会提升得那么快呢？谢谢您，老师，遇到您我真的飞了起来，而且飞得如此之高……这种感觉真好！

看到这段文字，我笑了，感觉自己也拥有了一份小小的伟大的事业。我告诉自己：帮助学生成长，靠的不是力气，而是发自内心的爱。用爱为学生撑起一片个性的天空，真的可以改变学生的一生！

是的，由于天赋和教育环境等因素，学生的先天潜质和智力优势是不同的。实践证明，某一方面的后进生也许恰恰就是另一方面的优等生。同人们，擦亮我们的眼睛，学会保护学生的个性吧！人人有才，人无全才，扬长避短，终成人才。让每一个孩子走上更好的成才之路，让每一颗渴望翱翔的心灵飞起来吧！

>>> 王新霞 · 江苏省新海高级中学

让沟通拨开青春的困惑

有人际交往就有沟通交流。现在的高中生懂的东西很多，他们有思想、有主见、有行动，和他们沟通是需要艺术的。在此，我将分享自己在工作中的体会。

一、明确沟通主题

学校教育要帮助学生树立正确的世界观、人生观，使学生学会做人、做事，身心得以健康发展。在平时的工作中，老师们最容易犯的错误就是和学生缺乏交流，即使和他们交流，也以泛泛而谈居多，没有明确的主题，以为这样可以拉近和学生的距离，增加自己的亲和力。殊不知，这样的谈话就好像过眼云烟，很难让学生产生深刻的印象。所以，每次和学生交流，都应该先明确主题。

【案例】

我任教的（5）班班长是位男生，他很聪明，理科很好，而语文学习不够认真。每次课间碰见他，我总会叮嘱："好好学语文！"他也总是回答："好的！"可是在第一学期的检测中，他的语文只考了 86 分。我意识到了问题的严重性，决定和他认真谈一次。我把这次谈话的主题确定为"端正态度，自我剖析"，并围绕检测成绩先让他谈感受、找原因。他表态说："以后我会做一个各方面都优秀、让同学们信得过的班长，请您相信我，我一定不会让您失望的！"听到他的表态，我也谈了自己的看法，最后我们一起确定了今后的语文学习目标。

自从这次交流之后，我发现他的态度发生了很大转变，不仅自己开始重视语文学习，还在小组内掀起了学习语文的热潮，体现出“带头大哥”的示范、引领作用。

【感悟】

只有确定了明确的沟通主题，才能掌握交流的主动权；只有沟通主题清楚了，才能针对沟通对象的心理、个性、需求等因素，做好相关准备；而有了充分的准备，才能灵活运用恰当的沟通方式，寻找师生间的共识，从而达成预期的教育效果。

二、捕捉沟通时机

学生的情感体验与其需求是否得到满足有直接的关系。需求得到满足，便会产生积极的情感体验；反之，便会产生消极的情感体验。当学生需要爱护、理解和引导时，就是与其进行沟通的最佳时机。

【案例】

我们班有个叫小祯的男生，行为散漫，对人冷漠，学习很不认真。一次课上，我发现他趴在桌子上睡觉，本想批评他一顿，可当我把他叫起来时发现他满脸通红——他正发烧呢。原本的怒气很快被冲散，我连忙带他去看校医，并倒好水让他吃药。后来，有学生悄悄告诉我：“小祯回来后哭了。”我突然觉得他绝不是真正的感情冷漠。于是我抓住这个契机走进他的内心——原来他的父母工作很忙，在生活上给予他的关爱很少，他感觉不到家庭的温暖，便把在家里无法宣泄的情绪带到了学校里。

针对上述情况，我劝导他要体谅父母的不易，不妨找机会和父母好好沟通一次。之后一段时间，他很认真地学习语文，在为人处事方面也有了很大进步，并且在班委竞选中当选梦寐以求的文艺委员。此后，他逐步感受到家长、老师和同学对自己的关心，更加珍惜自我表现的机会，得到了大家的充分肯定。

【感悟】

当学生陷入困境，有心理困扰，或者在学习、生活中有某种强烈的愿望时，教师若能及时疏解和开导，就有利于学生自觉改正缺点，增强自信，取得成功。

三、平等沟通

中学生身心发展迅速，情感日益丰富，尤其是独立意识不断增强，开始有自己的小秘密，但他们思想尚未完全成熟，需要教师的理解、信任和必要的疏导。因此，教师应该合理运用自己作为管理者的权力，妥善处理班级中的问题，切忌恃强凌弱、滥用权力。从沟通形式看，教师应该从尊重学生人格出发细心设计，让学生感受到自己的真诚和尊重。

【案例】

我班一个男生上课时行为规范极差，尤其是小组合作时，经常故意违反纪律，如发出怪声引起同学的注意等。起初我对他进行了严厉的批评，但是效果并不好，而且我发现我们的关系愈加紧张。

这件事让我开始反思自己的做法，并主动去了解该生。原来，该生在初中时比较优秀，由于中考失利致使其在班级里的排名比较靠后，不能像从前那样集万千宠爱于一身，因此大为失落。了解到这个情况后，我开始特别关注他，及时发现他的点滴进步并给予他发自内心的表扬和赞赏。慢慢地，他对语文有了兴趣，课堂上不再发出怪声，也爱发言了。

【感悟】

只有把关心与尊重放在首位，才能以平等的心态与学生交流。实践证明，教师若能充分信任、尊重学生，学生就会主动向你敞开心扉，从而增进沟通，加深感情，教育也易见成效。

四、开辟多种沟通形式

常言道："教无定法。"师生之间的交流也是一样的。学生个体的差异决定了教育学生的方式不可能千篇一律，一个眼神、一个表情、一次谈话、一段批语都可以成为师生沟通的方式。因此，教师必须根据环境、事件等具体因素调整沟通方式。

【案例】

我班的小雪理科很好，而语文背诵则让我很伤脑筋。有一次她在周记中提到自己初中时就一直背不好课文，以至于对语文背诵产生了恐惧症，内心十分苦恼，想请我教她如何背诵课文。我在批语中写道："先不要给自己贴上消极的标签，试一试，你肯定行！"之后一次背诵时，小雪虽然背得磕磕绊绊的，但背过了，这已经是很大的进步了。我马上在她的周记里表扬了她："看吧，我说你行你就行！"慢慢地，她终于找到了背诵的自信。后来她又在周记中写道："感谢老师对我的鼓励，我坚持了一个学期，现在再也不怕背诵了。"

【感悟】

单纯的口头训导与交流常会让学生觉得厌倦。试着改变一下方式或许能够获得意外的收获。它可以是潦草的作业本上一句调侃的评语，可以是课堂上给做小动作的学生的一个暗示，可以是周记本上的一句叮咛与安慰，也可以是学生失意时一个鼓励的眼神……

>>> 周晓荷 · 山东省胶州市第三中学

那些年，我们一起追的女孩

那一年，我刚刚担任班主任，最头疼的就是男女生早恋问题。当时，各大影院正在热映《那些年，我们一起追的女孩》，于是我便产生了以这部电影为素材召开一次主题班会的想法。

班会开始了，我问学生："电影开始时，男主人公柯景腾要去参加一场婚礼，可他穿的白色衬衣后面却有一片蓝色的污渍，大家觉得这是怎么回事呢？""忘了洗吧！""肯定是有什么纪念意义吧？！""肯定跟新娘有关系！"学生七嘴八舌地回答着，但我没有给出答案。

当影片放映到学校教官说"头发长了，该剪一剪了"时，学生都会心地笑了，这也是我们寄宿制学校的真实写照。我感觉到他们已经开始渐渐融入电影的情节中了。

"老师为什么要把差生柯景腾放到好学生沈佳宜（电影女主人公）的前面？老师是什么想法？他们两个又有何想法呢？"我问道。

"老师肯定是想把差生分散开，让柯景腾少惹事，而沈佳宜是好学生，老师当然想到她了。"一个学生这样回答。

"我觉得柯景腾肯定特别不高兴，尽管他对沈佳宜表现得很不屑，但是我觉得他还是比较怵沈佳宜的，因为人家学习好，他会不自觉地产生自卑心理。而沈佳宜呢，我觉得她会比较讨厌这个安排，人家毕竟是好学生嘛！"一个女生说道。

针对这个问题，大家的看法很多，但最终达成共识：两个人对彼此都不感冒。这也是一般电影的老套情节。

当沈佳宜因为柯景腾上课不老实而用笔尖戳他的衬衣时，学生恍然：白衬衣后面的污渍是这样来的。大家的心头有了一丝暖意。

"大家觉得他们俩是何时产生好感的呢？"这是一个重要的问题，从中可以发掘学生早恋的真实原因。

“我觉得柯景腾其实一直是喜欢沈佳宜的，但是他觉得自己成绩差，配不上对方，所以假装清高，表现得很不屑。”一个成绩较差且正在“谈恋爱”的男生说道。

“那为什么沈佳宜后来对他也有好感了呢？”我追问。“因为柯景腾后来变好了呗，爱学习了！”他回答道。我说：“对，人家沈佳宜说得多好哇：‘最看不起自己不用功还瞧不起别人用功的人。’”那个男生安静地坐下了，后面他看得特别认真。

“我觉得肯定是沈佳宜老拿笔尖戳他，还给他补习功课，把他给感动了！”“沈佳宜开始是因为柯景腾帮她而感动，后来发现他有上进心才对他产生好感的。”学生纷纷发表意见。

“大家觉得他们俩对彼此的好感都表现在哪些方面呢？”我接着发问。

“那是因为两个人打赌了！”一个男生飞快地说。“但是人家沈佳宜打赌也没输哇？”我似乎点中了要害。“所以，这说明沈佳宜对柯景腾有好感，自己没输也要鼓励他继续努力！”我对学生的这个回答非常满意：“你看沈佳宜做得多好哇，自己赢了仍按照输的方式处理，以此来激励柯景腾继续努力，后来柯景腾也确实没有辜负她的希望，联考成绩非常优秀。”

“我觉得柯景腾这么不爱学习的人，最后晚上都陪沈佳宜学习，这也可以体现出他对沈佳宜的好感！”一个平时不太爱说话的女生显然是受到了影片情节的鼓舞，主动发言。

我及时表扬道：“说得非常对！我们来看，两个人对彼此的好感体现在相互帮助学习上：沈佳宜给柯景腾补习功课，柯景腾晚上陪沈佳宜上自习，两个人都在进步。”

当影片中柯景腾终于考了 75 分时，我们班学生都为他鼓掌；当沈佳宜因联考失常而哭泣时，大家也为她黯然神伤；当他们上大学后第一次牵手走在铁轨上时，大家在为他们高兴的同时才忽然发现他们在高中时居然都没有牵过手；当他们因为柯景腾打拳而分手时，大家也深感惋惜，这才猛然意识到柯景腾去参加的不是他们俩的婚礼。

“他们俩到底在一块儿过吗？”在影片只剩下 10 分钟时，我问道。

“没有，至少他们没有谈过一场轰轰烈烈的恋爱！”

“那怎样才算是轰轰烈烈呢？”我追问道。

学生默然。

这时，我引导说：“在我看来，他们两个已经无所谓恋爱不恋爱了，至少他们在一起的时候都珍惜了彼此的好感，留下了美好的回忆。至于为什么他们最后还是分手了，我觉得是因为他们的好感只能算是朦胧的爱，缺乏一些真实的东西！”

学生听后都若有所思地看着我。

影片结束后，我没有进行任何说教，也没有找学生个别谈话，但我发现，有早恋倾向的学生在默默地发生变化，开始用影片中男女主人公的方式来互相鼓励和帮助。一个女生在写给我的信中说道：“通过这部电影和您的引导，我深受启发，我会用沈佳宜的方式鼓励他学习，我们会保持住这份好感，等以后再继续发展！”

这件事也让我跟学生走得更近了，我们班还被评为优秀班集体。我深深感受到，对学生的早恋问题，我们没有必要回避，主动和学生沟通、讨论，可能会收到意想不到的效果，而且可以引导学生感悟这一点：把青春的美好回忆留在情窦初开的那几年，也是件挺浪漫的事！

>>> 陈义明 · 北京市顺义区牛栏山第一中学

第四辑

学生家庭问题教育策略

拯救“公主”计划

那年接手新班，刚一开学，一个女生便引起了我的特别关注，因为她有一个让人看一眼就难忘的名字——发音同公主。说起公主，可真是不简单！她骄横无礼，在班里很不合群，常常独来独往，却与高年级一些不安分的学生来往密切；她烟瘾很大，常在学校厕所里无所顾忌地吞云吐雾；她还曾密谋一场三人行的离家出走行动……一副率真可爱的外表下，她为何会如此顽劣不羁？

我翻阅大量书籍，查找有关问题学生的成功教育案例，又与同事一起研究教育方法。一切准备就绪后，我开始实施拯救“公主”计划。

一、换个方式，走进公主的心灵

起初，我通过找公主谈话以拉近彼此的距离，所谈内容都是讲道理、明方向。她虽毕恭毕敬，但只是默默聆听，除了点头就是“嗯”“好”之类的简单答复。那段时间，我几乎无计可施。于是，我在深刻反思后转变了思路：不再在正式场合找她谈话，而是选择在人少安静的地方；谈话时不再是一副板起脸来训人的严师模样，而更像是大姐姐、大朋友一般；交谈的内容也不再是大道理，而是谈兴趣、谈理想、拉家常……

一开始，公主仍有些心存芥蒂，不愿交流，我就随意拉家常，讲见闻。后来，当我谈论起调皮女儿的诸多趣事以及生活、工作中的乐事时，她会忍不住笑出声来。爽朗的笑声打破了尴尬的气氛，也打开了她的话匣子。她开始边听边不时地发表意见，说我的女儿真是可爱的小精灵，还建议我在面对生活、工作的重负时学会解压、懂得放松。

经过一段时间的交流，她终于对我敞开了心扉。原来，在她很小时父母就离婚了，母亲改嫁他人，父亲虽然再娶，但仍然萎靡颓废，只有退休在家的奶奶照顾她的生活起居。她本也乖巧，学习、纪律等各方面都还不错，只是在小学五年级期间奶奶因病到省城住院，无人照管的她无意中结交了不良的朋友，沾染了恶习，以至于后来愈演愈烈。老师、家长虽百般教育，但她却欲罢不能，难以回头。

近年来，单亲家庭的孩子日益增多，但像这般因父母离异而对孩子产生如此大影响的情况倒不多见。于是，我多次找她的家长进行诚恳的交流。最终，她的爸爸和继母同意让公主平时住在他们家，周末则在奶奶家度过。

二、学会感恩，告别冷漠的心

可这些远不足以让公主消除对爸爸以及他那个家的隔阂与怨恨，甚至她连带着对老师、同学的关心爱护都视而不见、置若罔闻，仿佛全世界都亏欠她。有一次，她竟语出惊人地评价爸爸：“他活该那样！”

怎样让她远离冷漠，学会理解和感恩呢？我在一次与她的交谈中找到了突破口。那次，我无意中说到女儿对我的努力付出不但不理解，还表现得特别冷漠时，她竟义愤填膺，为我打抱不平，并帮我出谋划策，教我如何应对。

我趁机开诚布公地说道：“老师怎么觉得你有时跟我女儿有些像啊！”说完，我意味深长地看了她一眼。她不好意思地冲我笑笑。我接着问道：“你知道你们哪里像吗？”因为有了前面的铺垫，她很快意识到了自己的过错，坦诚地说：“我有时也难免糊涂，说一些伤害亲友和老师的话。”“我们的公主真是长大了！既然意识到了错误，就要努力改正，好不好？”她爽快地答应了。后来，我又把女儿为我捶背、洗脚的变化告诉了她，目的是想让她懂得，不仅要有感恩意识，而且要学会尽己所能付诸行动去回报。

经过一段时间的教育、开导，我精心培育的感恩之树终于硕果累累：公主在作文中描写奶奶日渐衰老的容颜与两鬓平添的白发时，情真意切，令人感动；父亲节，公主爸爸第一次收到女儿送来的礼物，虽说男儿有泪不轻弹，但他却泪流满面；平安夜，我也惊喜万分地收到公主送来的平安果……

有一次，公主爸爸因车祸骨折。整日躺在家里的他，经常大发雷霆，还摔东西、骂人，家里乱成一团糟。她跑来向我哭诉、求助。我鼓励她说：“你可是家里的顶梁柱，要为奶奶和爸爸分忧，也要照顾好自己，这是你不容逃避的责任哪！”

后来，她奶奶告诉我：公主那天回到家，在爸爸情绪稍有缓和时，与他进行了一次促膝长谈，不但帮助爸爸消除了烦躁情绪，还大大改善了与爸爸的关系。如今，父女俩真可谓亲密无间，无话不谈。家里也在她井井有条的布置和安排下，很快步入正轨。

三、融入集体，收获真挚的友谊

要真正把公主从困境中拯救出来，仅靠我和家长的力量是远远不够的，还要依靠集体的力量去帮助和影响她。

在班里，由于公主总是拒他人于千里之外，大家对她也是视而不见。为此，我借助课堂以及主题班会、晨会等，潜移默化地给学生灌输同学之间要友爱互助的道理，引导学生平等对待每一个同学，不挖苦、不歧视任何同学。我还专门召开“我的班级我的爱”演讲比赛，并极力动员公主参加。当她拒绝时，我告诉她：“这次演讲跟你与集体的过去无关，只是你与它的未来的一次宣言。”她这才卸下重负，不再排斥，继而在大家的支持下全力以赴进行准备。

比赛当天，公主站在讲台前真情流露：“以前我一贯我行我素，无所顾忌，而今我才知道，我的个人荣辱与班集体息息相关，我的言行举止直接影响到我所热爱的班级。今后，凡事我都要三思而后行，好好想想我的言行举止会给班级带来荣耀还是抹黑！”言毕，教室里掌声雷动。

在一系列活动的熏陶教育下，公主终于不再冷漠：同学有困难，她乐于帮助；班级有活动，她积极参加。同学们也对她主动热情，关爱有加。

班委会成员还自愿成立了一个秘密组织，他们热情、无私地帮助公主，尤其是当公主孤独无助时，他们总能及时施以援手，并美其名曰“救公主回城堡”行动组织。在他们的帮助下，公主收获了真挚的友谊，也渐渐远离了以前的不良小团体。

四、赏罚分明，避免走回头路

在公主进步的道路上，肯定会遇到反复，这是在我预料之中的。可我的困惑也随之而来：不辨是非地一味表扬，会滋长她的骄傲情绪；一旦犯错就当众批评，也会挫伤她刚刚树立起来的自信。再三思索后，我坚定了“赏罚分明”的原则，即“扬善于公庭，规过于私室”。

公主能歌善舞，我便任命她为班级文艺委员，全面负责班级的文娱活动。她不负众望，积极筹划、组织班级的集体舞表演和迎新年文艺演出等。这些活动准备充分，组织有序，受到学校和同学们的一致赞誉。为了更好地激发她的热情，我专门召开表彰会，并给她发奖。虽然奖品只是一本普通的本子，可拿到奖品后，她竟当着全班同学的面哭了。看着曾经经历过“大风大浪”都毫不畏惧，从不胆怯、哭泣的她，而今喜极而泣，我感到由衷的欣慰。这次表彰成为她成长历程中的重要里程碑。从此，她愈发严格要求自己，表现也越来越出色。

有段时间，公主无端故技重演：上课时说话、做小动作、吃零食，屡禁不止；问同学借钱，有借无还，还叫嚣恐吓；与同学发生矛盾后破口大骂，情急之下还大打出手。于是，我私下找到她，狠狠批评了她。她低头聆听，若有所思，惭愧地红了脸。最后，她坦诚认错，并表示自己以后不会再犯。果然，之后她真的再没有犯过类似的错误。

如今，公主已快初中毕业，从她身上丝毫看不到家庭变故带来的阴影，她乐观开朗，积极上进，真诚宽容，热心助人，那个曾经形单影只的孤雁终于蜕变成美丽快乐的公主。

>>> 杨娟 · 陕西省合阳县城关中学

拯救被埋没的天才

"老师，玉良几乎天天迟到！"

"玉良又没交作业！"

"他不仅迟到，有时还旷课！"

"他太自我了，根本没有集体荣誉感，班级分数都快被他扣光了！"

…………

接手新班不久，我就陆续收到学生对玉良的投诉。

一、问题家庭险些埋没天才

我把玉良叫到办公室，让他说说近来的学习和生活情况，可他却支支吾吾，说得含糊不清。我改变策略——问一句，让他答一句，他的声音仍然很低且含糊不清。我并没有气馁，依旧微笑着对他说："既然你不善于表达，就把内心的想法写下来吧！"他点点头，表示同意。写完后，他把纸和笔交给我。我一看，他的字写得很好，字里行间也透露着真诚。

原来，玉良很讨厌自己的家庭，因为他的父母关系不和，而且对他漠不关心。父亲经常对他说："学得好与不好和我有什么关系？学得好将来你自己享福，学得不好你就打工去！"而母亲总是打麻将、看电视，对他也只会抱怨、唠叨，处处打击、嘲讽，还口口声声说都是为了他好。不和谐的家庭氛围让他备感压抑，以至于放学后不想回家，更愿意一个人在外面逛。其实，他本可以考取全区最好的高中，只是后来经常逃课、不交作业，才来到现在这所学校。他很喜欢打乒乓球、弹钢琴，喜欢肖邦和郎朗，他的理想是成为一名伟大的钢琴师。

得知这些隐情后，我的内心很受触动——这是一个被埋没了的天才呀！

既然玉良的问题与他的家庭有很大关系，我便立即约谈了他的母亲。果不其然，他的母亲从始至终一直在唠叨和抱怨，我几乎插不上嘴。她说自己为儿子付出了很多，牺牲了很多，可儿子却始终不理解她，也不听她的话，她根本没有办法教育他。她还说孩子小时候还很好，自从上了初中就变成现在这个样子了。后来，我又给玉良父亲打电话，可他根本不愿意到学校和我交流，正如玉良所说的，他父亲只留下一句话："他学得好与不好都和我没有关系！"

掌握这些情况后，我的心情很沉重。可想而知，玉良生活在一个什么样的家庭环境里，家长只会抱怨和逃避，从没有想过作为家长应有的责任和担当。我也终于理解了玉良为何会有如此反常的行为。

二、特殊作业化解亲子矛盾

经过深思熟虑，我想当务之急是让玉良一家人学会彼此换位思考，从而缓和家庭矛盾，这样才能真正帮助孩子打开心扉。于是，我就给玉良布置了一项作业——分别写一写理想中和现实中的父母。他很快就写完交给了我——他理想中的父母能够理解并认同他的兴趣爱好，最好能够和他一起参与进来；他现实中的父母却只知道从他们自己的角度出发，蛮横干涉他的兴趣爱好，轻视和嘲笑他的能力和理想。

我把作业拿给玉良的父母看，他们看后沉默不语。我说："你们真正了解自己的儿子吗？你们知道自己的儿子真正想要的是什么吗？你们口口声声说为了孩子好，可孩子能够体会到吗？其实，玉良是个很优秀的孩子，他有想法、有爱好、有追求，而且诚实乐观、多才多艺。他想要的是你们的理解与陪伴，是你们的鼓励与支持，是和谐、温馨的家庭氛围。"

另外，我也让玉良写一写理想中的自己和现实中的自己。他剖析得很认真，认识到了现实中自己的不足，诸如迟到、缺席、不交作业，等等。他表示，自己会认真学习的，因为他想考一所好大学，找一份好工作，他也想好好孝敬父母。他还表示，他不会放弃自己的爱好，尤其是钢琴，他一定会坚持下去。

我语重心长地说："玉良是多么优秀的孩子啊！如果你们平时能够多听听孩子的心声，学会鼓励和陪伴孩子成长，为他提供温馨、和谐的家庭氛围，为孩子树立学习的榜样，那么，他将会变得很优秀，不是吗？"

此时的家长，不再像先前那样一直抱怨和唠叨，而是陷入了深深的沉思。我话锋一转，说道："玉良已经主动向我提出他想住校，想换个环境。我也想给你们和孩子一个冷静的空间，就同意让他住校一个月。这一个月里，我会跟踪教育他，帮助他重新回到正轨；你们也好好梳理一下对孩子的教育问题，反省一下自己的行为。这一个月，孩子交给我，家庭还给你们。一个月后，让孩子重归家庭，你们扮演好父母的角色，我尽到教师的责任和义务，我们共同为孩子营造良好的学习和生活氛围。你们看这样可以吗？"玉良的父母当即表示同意，并连连道谢。

三、住校三部曲挽救失落的天才

1．以纠正生活作息为先

就这样，玉良开始了为期一个月的住校生活。刚开始几天都挺好，他没有迟到，可只坚持了几天。于是，我对他同宿舍的学生说："你们起床时一定要喊一下玉良！"我又找到玉良说："记住，不要忘了你的使命，这一个月是你自己的选择，也是证明你可以独立生活的关键期。希望你能对自己的行为负责，做一个言而有信的男子汉，不要让周围的人，尤其是你的父母看不起你！"他听后使劲儿点点头。

果然，玉良知耻而后勇，一连五天都没有迟到。我当众表扬了他，并鼓励他说："你能坚持五天，就能坚持一个星期；能坚持一个星期，就能坚持一个月，不是吗？加油，我们全班同学都是你的见证人！"

最终，在我和全班同学的监督和鼓励下，玉良不负众望，真的做到了一个月不迟到、不早退、不缺席。全班同学，尤其是他们小组的同学都为他感到高兴，我也为此感到欣慰。

2. 以激发学习兴趣为主

良好的生活作息形成后，我开始专注于提高玉良的学习积极性。我利用小组平台对他进行督促和评价。他数学很好，我就从数学入手激励他在数学方面好好发展，争取达到年级第一。此外，我让同小组的同学督促他、帮助他。

果然，玉良开始能够在数学课上认真听课了，作业也能按时完成了。小组同学都反映，玉良很聪明，不仅能很快消化老师讲解的方法，还能自己钻研出更简洁的方法，并传授给同学。更为可喜的是，在之后的阶段性测试中，他的数学成绩果然获得年级第一。大家都说他变了，天才回来了！

我引导他说：“你很聪明，只要你愿意做，就一定能做好。我相信，你能把数学学好，其他学科也一定能学好。可是你的其他学科并不优秀，比如英语和语文，你能够像学习数学一样努力学习英语和语文吗？”他点点头。

为了给他加油打气，我对全班学生说：“今天我们大家做个见证，玉良同学不仅能把数学学好，同样也能把英语、语文学好。让我们掌声鼓励他一下，好吗？”学生都鼓起掌来。他不好意思地挠挠头说：“我的文科可能不像理科这么优秀，不过我愿意去努力，为了老师，为了小组，为了班级，也为了我自己。”

在一番努力后，玉良的语文、英语成绩也有了很大提高。我为他学习上的改变和进步感到骄傲。

3. 以促进全面发展为本

我知道，虽然玉良是个有理想、有追求的学生，但是他缺乏毅力，长期单调的学习生活肯定支撑不了多久，还需要进一步的活动来强化。

于是，我充分利用学校和班级的各类平台，鼓励他尽可能地参与或组织相应的活动，增强自信，做一个全面发展的人。学校组织合唱团，玉良担任主唱；学校组织乒乓球比赛，玉良不负众望一举夺冠；班级组织课本剧会演，他认真揣摩并尝试了许多角色；班级文艺会演，他的钢琴曲折服了全班同学，并收获了许多粉丝。在活动中，玉良不但展示了他的多才多艺，而且收获了良好的人际关系，还变得更加自信和乐观，成为一个全面发展的学生。

看到玉良的蜕变，我心中感慨万千。这是一个险些被埋没的天才，好在他已重新焕发生机，将来一定会长成参天大树！

>>> 马景才 · 江苏省南京市湖滨高级中学

契机：作业本上的血印

上学期，班上转来一名叫小毅的学生。他性格内向，寡言少语，平时总是无精打采、目光呆滞，作业也总是乱七八糟、敷衍了事。科任老师和同学多次向我告他的状。一开始我经常找他谈心，但他似乎深信沉默是金。他的沉默拒绝了所有人，渐渐地我也有些泄气。

直到有一天，我意外发现小毅的作业本上有一些血印——看得出，本子的主人曾经试图擦去血印，可仍然留下了痕迹。带着疑问我来到教室，走到小毅的座位旁，看见了他红肿的眼睛和缠着纱布的手指。我突然满怀歉意，这个孩子一定有不为人知的故事，我却什么都不知道，可又不敢冒昧询问，害怕得到的仍是沉默。于是我在他的作业本上写下一句话："孩子，做事小心些，别伤着自己。"第二天，我发觉他看我时竟有一些羞涩。

生活即教育。我改变了方法，不再不厌其烦地找小毅谈话，而是密切关注他的一举一动，希望从点滴小事中让他感受到我的关心。上课时，他没有笔了，我悄悄放一支到他的桌子上；听写时，他的作业本散开了，我帮他牢牢地订好；复习时，他的课本已经面目全非，我及时递过去一卷透明胶；每次他取得小小的进步时，我都大张旗鼓地表扬他……虽说他还是一如既往地沉默，但从他逐渐工整的字迹中，我看得出他在悄悄改变。我心里窃喜。

后来，我多次想去家访，但小毅的回答依然是沉默。我只好耐心等待，深信有一天我终究会走进他的心灵深处。

时机终于来了。那是一个细雨飘飞的日子，中午到校时我忘了带伞，放学后只得冒雨回家。我刚转过一条小巷，就隐约听到背后传来一声怯怯的呼喊："老师！"我赶紧扭过身，发现喊我的人竟是小毅。他拿着一把雨伞，走近了，什么也没说，只把伞递给我。我没有推辞，也许这是一个了解他的好机会。我试探性地问道："能带我去你家看看吗？"他犹豫了许久，最终还是答应了。

跨进小毅的家，我猛吃一惊，那是一间二三十平方米的单间，除了必需的生活用品外，再无其他东西，就连他做作业也是以床为桌。真是名副其实的家徒四壁呀！他说父母离异了，他被判给了爸爸，爸爸四处打零工很辛苦，根本没时间照顾他。每天放学回家后，他的饭要自己做，衣服要自己洗，那天手上缠着纱布，就是因为切菜时不小心把手切伤了。听到这儿，我的眼角潮湿了。眼前这个小小的男孩正是需要人照顾的时候，却过早地背负起人生重担。那晚，我彻夜难眠。已身为人母的我深知：孩子是多么需要一个可以依靠的肩膀啊！

从此，我更关心小毅了，常给他讲一些励志故事，鼓励他要坚强；有时主动去他家里看看他生活上有什么困难，顺便买点儿鱼、肉、牛奶、鸡蛋等，给他补充营养、解解馋；天冷了，我又"逼"他把厚重的脏衣服带给我洗……慢慢地，我发现小毅的眼中有了一丝生机。

又一次批阅学生的周记，小毅的一段话再次深深刺痛了我的心："再过两天就是我的生日了，最讨厌过生日了，每次别人过生日总是有很多礼物和祝福，而我呢？爸爸照例是没时间给我过生日的，'妈妈'对我来说更是一种奢望。我都快记不得上次收到生日礼物是什么时候了……"读罢，我想我必须帮帮小毅。

第二天，我故意支开小毅，然后在班上朗读了他的周记，介绍了他家的情况，最后征求学生们的意见。大家纷纷提出各种建议，包括利用班会给他开生日派对、送他礼物等。看到学生们如此积极并富有爱心，我很欣慰。

班会如期举行，当上课铃响起时，学生们按照约定齐声唱起了生日歌。显然，这大大出乎小毅的意料，我看见他的嘴唇紧紧地抿着，但依然颤抖。接下来，由班长主持了"相亲相爱一家人"生日派对，包括三大板块。①"说出你的爱"——大家你一言我一语地说出对小毅的关心和祝福，不少同学还表扬了他的优点，这给小毅带来很大的震撼。②"唱出你的爱"——五个男生共唱了一首《我的好兄弟》送给小毅，他们真挚的情谊感动了所有人；接着全班齐唱歌曲《相亲相爱的一家人》，大家都沉浸在这融洽、和谐的氛围中。③“送出你的爱”——我和学生们将自己准备的礼物一一送给小毅。在这突如其来的巨大幸福面前，身为小男子汉的小毅终于忍不住流泪了。课后，我给学生布置了一篇周记——谈谈这次班会的感受和收获，以巩固德育成果。

后来，小毅在周记中写道：“这是我过得最快乐、最幸福的一个生日。没想到没有父母呵护的日子，老师和同学们这么关心我，让我再次感受到久违的家的温暖，我不会辜负大家的这份关爱，你们就看我的行动吧。”我在周记后面写下期望：“泰戈尔《飞鸟集》中有一句诗：‘世界以痛吻我，要我报之以歌。’希望你能敞开胸怀去接受那不能改变的，拿出勇气去改变那能改变的。我们为你加油！”这次的生日派对成了小毅生活的转折点。渐渐地，他的眼中不再有自卑和迷茫，取而代之的是自信与坚强，他脸上的笑容也越来越多了。

三八妇女节时，小毅送给我一张自制的卡片：“老师，祝您节日快乐，我没有钱给您买精致的礼物，但这是我最真诚的祝福，千言万语汇成一句话——‘谢谢您’！”我捧着贺卡，回想他成长的点点滴滴，幸福的泪水顿如泉涌。孩子，你知道吗？这是你送给老师的最好的礼物。

>>> 邬翠莲·湖北省襄阳市第四十五中学

作业·纸条重塑快乐人生

一、令人意外的作业

打开小孙的作业本，我不由得皱起了眉头：字迹凌乱，难以辨认，本子上污渍很多，也很皱。一向表现上佳的小孙，这段时间的作业不是浮皮潦草就是敷衍了事。他的异常表现引起了我的注意，我细心观察后发现，他上课时目光呆滞，一副若有所思、心事重重的样子，有时眼角还有些湿润。此外，课间他“放肆爽朗”的夸张笑声，篮球场上他令人捧腹大笑的搞怪投篮，食堂里他那令人瞠目结舌的一顿饭吃6个馒头的饭量，老师身后“死缠烂打”的小尾巴也都消失了。

小孙究竟怎么了？带着种种疑惑，我找到了他的班主任。得知小孙的母亲上个月因胃癌去世的消息后，我的心情久久无法平静。作为英语教师的我，仅仅教给学生ABC就够了吗？帮助小孙迈过这暂时却又艰难的人生之坎，重塑快乐、幸福的人生，才是为人师者真正的职责及价值所在！

二、“写信”沟通、疏导

学生又一次上交作业后，我打开小孙的本子，依然满目疮痍，难以入目。我没有恼火，而且仔细研究起来。我发现，作业开始部分还比较工整，但接下来字迹越来越潦草，答案也越来越不靠谱，可见他的内心依旧不平静，最起码平静难以持续。因此，我并未像往常那样简单地给他的作业打个C，而是在本子里夹了一张纸条，上面写道：“简简单单的26个字母，却有无数丰富的组合，正如你的将来。你现在可能觉得世界是灰暗的，但你觉得这就是以后的人生吗？人生可以有顿号、逗号、省略号，但不可以有句号。”合上本子，我的内心不停地翻腾着。想想他，再想想自己，心中泛起同样的悲伤……

第二天早上，我的办公桌上放着一本作业，仔细一看，是小孙的！我打开本子，一张纸条滑落出来，是他写给我的“回信”：“老师，谢谢您的嘱咐，我的妈妈上个月已经离开了我！”看来他开始向我袒露心声了。“是的，我觉得我生命中缺失的是一生都无法弥补的。半年前我还在轻视那些收入微薄的父母，我错了，现在的我是多么羡慕那些拥有母亲的孩子，哪怕他们是去要饭，我觉得他们都比我幸福，难道这就是上天对我的惩罚吗？”

看到这里，我的心隐隐作痛，这孩子跟我有类似的遭遇。不同的是，我将痛苦转变为学习的动力，而他则将这突如其来的打击转化为对生活的消极对待、对未来的放弃。我想，此时最重要的是帮助他重新振作起来。于是，我在他的作业本里夹了一张书签，在上面写道：“人生就像一个未知的X，去求才会知道解是什么。失去是一种痛苦，是一种折磨，废铁之所以能成为有用的钢材，却正是因为它经得起痛苦的磨炼。我深深地理解，耗费了多少时间，战胜了多少困难，你才取得了之前的成绩。失去妈妈的痛苦是不能用任何事情来弥补的，但是不管怎样，我将永远站在你的身旁，陪你一起承受。”

我让科代表将作业本带给小孙，我不想草率地去安慰他，因为那样可能会让他更加难过，甚至受到惊吓。我希望默默地帮助他、引导他，让他的内心多一些平静，从而慢慢舔舐自己的伤口。

三、继续保驾护航

三天后，我欣喜地发现小孙的作业不再龙飞凤舞，整齐了许多，但字里行间仍然透着一股悲伤。是啊，让一个16岁的孩子在如此短的时间内抚平失去至亲的痛苦，变得成熟起来，未免太不现实也太残酷了。看来，还需要再多给他一点儿时间，而我则要在暗中为他保驾护航。

果然不出我所料，又一次作业交来时，小孙的表现让我眼前一亮，我看到了久违的干净整洁的作业。我欣慰不已，用力地写了一个红红的 A，并附赠一句：“Well done！ Good job！”他在作业本里夹了一张他和妈妈的合影，并附上一张纸条：“老师，谢谢您对我的安慰。这些我都懂，可是我曾经答应妈妈，将来要照顾她，还有英语要考 100 分，各科作业都得 A。可是现在这一切的一切都没有任何意义，考试满分、作业得 A，这些都给谁看呢？老师，我想去找我妈妈！”

最后这句话让我倒吸了一口凉气。为了开导、勉励小孙，防止他做傻事，我找到自己童年时和妈妈的几张合影，全部放到他的作业本里，并这样写道：“人生没有平平坦坦的，看看我的童年，想想你的现在，如果你就这样消沉下去，就这样没有目标继续浪费自己的生命的话，你认为天堂里的妈妈会高兴吗？难道这就是你说过的要送给妈妈的礼物吗？相信老师，老师真心希望你能走出痛苦的阴影，老师陪着你一起承受，一起加油，好吗？”

写完后我不禁感慨：可怜的孩子啊，痛苦中的摸爬滚打是你成长过程中必须经历的，你只有重新站起来，才会真正变强！

四、你的未来还等着你去创造

两天后的晚自习前，我正在办公室里静静地思考小孙的事情，忽然一声微弱的“报告”从门外传来。“请进！”我应道。只见一个小小的身影走进我的视线——是小孙！“老师，我……”霎时，泪水从他的脸庞滑落。“老师，我知道自己很傻，想到了轻生，让您见笑了，但我真的很想念妈妈，我昨天晚上梦见了妈妈，她在梦中流泪！”已经泣不成声的小孙，肩膀不停地颤抖着，眼神中流露出无限的悲伤。

“人生苦短，难道你甘心在悲痛中度过短暂的一生吗？”我问道。“老师，我还会有生活吗？我还会快乐吗？”他抬起头，幽幽地问我。“人生包括两个部分，过去是一场梦境，未来是一个希望……人生只有一次，为何不以积极、乐观的态度去迎接未来的希望呢？一个人的生活状态和精神状态完全操纵在自己手中，如果你拥有一颗追求美好人生的心，你就有可能获得内心的平静、安宁、快乐、幸福……”

小孙怔怔地看着我，点点头。我继续说：“我们现在并未到丧失一切的境地，不应就此生活在悲伤的阴影中，你的未来还等着你去创造。我们必须拥有钢铁般的意志和性格，经得起任何巨大的打击，始终保持泰然之心，淡然面对一切。人生就是一场无休、无歇、无情的战斗，我们一生都必须同困难、疾病、打击、灾难、痛苦等一切有形的或无形的敌人作斗争，但前提是我们首先必须战胜自我，这样才能摆脱痛苦，灵魂才能得到安宁。你说对吗？”“老师，您怎么知道这么多？”小孙惊奇地问。我苦笑着说：“是啊，我怎么会懂得这些？……”停顿片刻，我才缓缓道来：“因为我也曾深陷悲痛之中，也曾消极、低沉，丧失信心，是生活的美好让我大彻大悟，才没有一直徘徊在痛苦的阴影中，这也是我曾经的故事。”“老师……”他抓住我的手，再一次泣不成声。

此时此刻，我知道我面前的男孩长大了……

五、小孙变了

两周过去，又该批改作业了。打开第一本，就让我眼前一亮——哇！干净极了，少有的工整。是谁的？我看了看名字——小孙！我不敢相信自己的眼睛，这一切是真的吗？只见清晰的字迹带着自信的笔锋，作业后面附着一张纸条：“老师，谢谢您！我现在感觉我的天空是蓝色的、生活是快乐的。昨天我又梦见我的妈妈，妈妈在梦中笑了。谢谢老师！对了，能私下叫您宝哥哥吗？哈哈！”读罢，我长长地舒了一口气，抬头望向天空。是啊，天真的好蓝好蓝！

从那以后，足球场上又出现了小孙风驰电掣般的身影，他放肆爽朗的夸张笑声一次又一次让人受到“惊吓”，篮球场上他令人捧腹大笑的搞笑投篮再一次让大家笑喷，食堂里令人瞠目结舌的食量纪录再次被他本人打破。此外，本学年小孙还分到了我们班，从此我身后也多了条“死缠烂打”的小尾巴。是啊，他的快乐回归了；我的“痛苦”却来了，但是这“痛苦”却是那么幸福！

感谢那一张张夹在作业本里的小小纸条，让我们师生之间的情感尽显无遗，拉近了彼此的距离。伴随这些充满真情、感动、泪水的文字，我有幸和学生一同成长。还好，虽然历经困苦、磨难，但最终我们携手到达了幸福、甜蜜的彼岸。

>>> 王宝才　王学凯·北京市昌平职业学校

孩子，请摘下你的面具

几年前，我刚接手一个高二文科班，小月便引起了我的关注。她打扮得像个假小子，一头短发，衣服总是黑白两色且松松垮垮；她纪律差，在自习课上传纸条、扔粉笔头、说话，屡次给班级减分。为此，我多次严厉地批评她，可都收效甚微。

一次偶然的机会，我从小月的周记中得知了她可怜的身世：9 岁时，她的父母离异且都不愿抚养她，她只能跟奶奶一起生活。于是，她幼小的心灵深处便埋下了仇恨的种子，同时，她也因自己的不幸深深感到自卑、愤恨。因此，她整天以“假面具”示人，以无所谓的态度和中性装扮让自己看起来坚强、另类、潇洒，借此来掩饰内心的脆弱无助、自卑敏感。

了解这一情况后，我为自己没有了解实情，仅凭主观臆断便去评价、看待一个学生而感到懊悔。可是如何驱走她内心的阴霾，让我头疼不已，生怕自己无意间摧毁她苦苦支撑的脆弱的坚强，那么后果将不堪设想。

一、直击心灵，卸下伪装外衣

在我苦苦思索破解困局的方法时，小月又犯错了。我把她叫到办公室里，她依然表现出一副无所谓的态度。我打算另辟蹊径，于是出其不意地说道：“我觉得你在用表面上大大咧咧、无所谓的态度掩饰一些东西。其实现在的你并不是真实的你，无论你白天在人前如何欢笑，也无法抹掉你在夜里的孤独与无助。”

听了我的话，她先是一愣，眼里闪过疑惑不解，而后是释然，最后是泪水夺眶而出。那一刻，她的情绪像开了闸的洪水一样不可抑制，她哽咽着向我诉说了自己的身世。虽然我已经了解了，但是她的哭诉仍然瞬间揪住了我的心，我的喉咙像被卡住似的万分难受。可怜的孩子，多么让人心疼啊！倾诉完之后，她对我说：“老师，谢谢您给了我倾诉的机会，我知道错了，今后我一定改！”

在随后的日子里，小月像变了一个人，不但内心平静了许多，行为收敛了不少，脸上也露出了久违的笑容。教师节那天，我还惊喜地收到了她送给我的礼物和一封短信。

老师：

您是我遇到的老师中第一个也是唯一一个看透看懂我的人。谢谢您！我会永远记着您的教诲，做一个真正快乐的人！

您的学生：小月

读罢，我感到既欣喜又惭愧——若不是那本周记，我可能无法走进小月真实的内心世界，也无法体悟关注学生尤其是特殊家庭学生的内心情感是多么重要！

二、情感陪护，让阳光照进心田

为了进一步了解小月的思想动态并纠正她的偏执思想，我决定采取写纸条这种相对稳妥的方式加强与她的沟通，这会让我更准确、更及时地了解她的想法。

令人欣喜的是，这种方式很快便奏效了。小月在纸条上与我无话不谈，甚至还告诉我她暗恋班上一名男生，让我替她保密。对此，我不仅没有生气，反而感到一阵酸楚，因为心理学上有一种说法——缺少父爱的女孩子更容易早恋。这是小月渴求心理慰藉的一种表现。因此，我没有批评她，而是在生活中给予她更多关心和帮助，并加强对她的思想引导。一段时间后，她在纸条上写了这样一句话：“当初自己的想法真是幼稚，幸亏您替我保密，否则可羞死人了。”

针对小月对父母的憎恶、仇恨态度，我借给女儿过生日的事，以如何让她奶奶真正开心为突破口对她加以引导。我告诉她："我女儿生日那天，我安排好班级事务后已是晚上7点40，在匆忙选购礼物后，我花了两个小时的车程赶回家，到家已经10点了。原本盼着孩子欢蹦乱跳地扑进我怀里，兴奋地打开礼物，不想孩子早已睡着了。那一刻，我心里真不是滋味。可怜天下父母心！天底下哪有不爱自己孩子的父母呢？你的父母也是一样的。你想想在你每年过生日的时候他们是怎么做的。有时候人容易被情绪左右而看不到事情的本来面目。"听到这里，她的眼泪落了下来。我随即又说道："你最爱奶奶，可以为她付出一切，而她又何尝不是呢？然而你想过没有，对她来说，最大的快乐和幸福就是你能够原谅你的父母，打开心结，开心、健康、积极地生活。""老师，您别说了……让我再想想！"

后来，我收到小月的一张纸条，上面写着："老师，虽然我做不到完全原谅我的父母，但现在我至少能理解一些，至少不会再像以前那样偏激了。"

我不禁反思：谁说个性有问题的孩子难以教育？如果你抓住了他们内心真实的想法，用一颗真诚的心去靠近他们、安慰他们、帮助他们，在他们感到困苦和无助时给他们一些光明和温暖，那么，再冰凉、倔强的心也会升温、融化。

三、巧借图书，补给心灵鸡汤

有了纸条上的良好沟通做前提，我计划借助图书的力量让她与大师的心灵对话，对她进行更深层次的思想教育和心理引导。

为此，我不定期且有选择性地送给她一些书，并和她约定一起阅读、一起谈体会。为了让她能用阳光的心态去努力奋斗、面对生活，我把自己上大学时最喜爱且深受鼓舞的路遥的《平凡的世界》送给她，希望书中主人公孙少平的人生奋斗轨迹能给她以指引；为了让她变得坚强自信、敢于担当，并相信爱的力量，我将入围第七届茅盾文学奖的《藏獒》推荐给她，希望借书中主人公的人性之善、忠诚勇敢与深情担责的獒性之美，带给她震撼与反思。

腹有诗书气自华。慢慢地，她内心的阴郁、自卑、怨念开始消融，并蜕变成脸上的笑容，她的性格、行为也都有了很大变化。对此，我看在眼里，乐在心里。

一天下午，我看到办公桌上有一本书，上面贴的便签上写着：

老师，感谢您让书籍成为我另一个心灵的朋友，我们可以说很多悄悄话，可以一起肆无忌惮地欢笑，一起憧憬美好的未来，一起默默地体验生活的酸甜苦辣。我们的世界就是一片阳光明媚、绿草如茵、百花齐放的秘密花园。好美，好惬意！也邀请您来呀！这里我说了算哦！

老师，您是一个很有责任感且平易近人的人，总是一头扎在学校里努力把工作做到最好。但是，您对女儿的关注和呵护远远不够，虽然您也自责过，但您真的需要用心去做，不要让您的女儿像我一样对父亲有那么深的偏见和怨恨。这本《我的事业是父亲》很适合您阅读，女儿是您一生的寄托，不要让她感觉不到爱，她真的需要……

刹那间，眼泪再次不争气地充盈了眼眶。孩子，谢谢你！老师知道了，知道有一份沉甸甸的责任只能由父亲来承担！

心理学研究表明，每个人都有相应的情感需求，对其满足的程度直接影响他的价值观和行为取向。对有个性的学生，尤其是特殊家庭的学生，我们更应该格外用心关注，更应该给予其情感需求的满足，因为情感需求的满足是滋润学生心田，促进希望和信念种子萌发、生长的甘露，是我们透过假象直指本质，摘掉学生的面具找回学生本真的根据，是培养学生健全人格和良好品质的动力。

感动在时光流逝中被镌刻和铭记，让我一直反思教育的本质和班主任工作的价值，让我懂得唯有真正走进学生的内心，激发、引导、呵护学生内心的真善美，才是真正的教育！

>>> 李志涛 · 河北省唐山市开滦第二中学

孩子，抬起头来

新学年开学不久，我就发现女生小丽特别胆小，每次上课她总低着头，从不举手发言，老师叫她回答问题，她的声音小得根本就听不清在说什么。我找她谈话时她也是低着头，提醒多次都没有效果。

于是，我给小丽的母亲打了电话，后来又专程到她家家访，得知小丽3岁时，她父亲因封建思想严重，嫌弃小丽是个女孩而抛弃了她们母女。小丽跟着母亲，靠母亲在外打零工维持生活。因为母亲要外出打工，小丽就经常一个人待在家里，很少与外人接触，因此胆子特别小。再加上家里条件不好，她也很自卑。

从此，我对小丽多了一分关爱，我帮她申请了贫困生补助，缓解了她生活上的窘迫状况，但她的学习并没有多少进步，期中考试总成绩，特别是数学成绩仍居全班倒数。看到如此情形，科任老师都对小丽有些失望。然而我知道，像小丽这样来自贫困、单亲家庭又特别自卑的孩子，需要我们的关爱和鼓励，更需要自信。那么如何才能提高她的自信心呢？

在与科任老师交流后，我发现小丽的语文成绩不错，特别是作文写得很好，于是我计上心来。我把小丽叫到办公室，对她说："听说你作文写得不错，老师这儿有篇文章，你帮忙看看，先看看有没有什么错误，再帮忙润色一下。好好看，这可是老师要投出去的稿子哟。"小丽很仔细地看了一遍，果真找出了一个错别字，还帮忙润色了一下。后来，我就经常找她帮我润色文章，主要是看有没有错别字和不正确的标点符号。

第一学期结束时，小丽的成绩仍然不理想，但我没有放弃希望，在对小丽的评语中我写道：

小丽，老师把你安排和小芳（我班班长，考试年级第一名）同桌，是希望小芳能帮助你，但你没有明白老师的一番苦心，更没有利用这次机会加快成长。你一定要相信自己，发展自己。只有这样，你才会真正强大和自信起来！你知道吗？自信的女孩最美丽。

你曾说过你是一棵狗尾草，但老师要告诉你：只要自己愿意，再小的小草也会开花，即使是一棵狗尾巴草！如果你想开花，老师愿意浇水施肥，为你的成长助一臂之力。

第二学期开学后，小丽和我亲近了很多，上我的生物课也认真多了，偶尔还会举手发言。每当小丽举手时，我总是点她来回答，并及时给予鼓励。而在其他课上，她的变化不大，很少能抬起头来听课。于是我继续寻找帮助她的契机。

新年后的一天，我拿着刚到的《湖北教育》走进教室，马上就有学生在下面说："老师，是您又发表文章了，还是班上的同学发表文章了？"我笑着对学生们说："是老师的文章发表了，不过老师首先要感谢一个同学，那就是小丽，这篇文章是她帮我进行了修改和润色。"班上立即响起了热烈的掌声，学生们都把目光投向了小丽，小丽抬起了一直低着的头，脸上露出了久违的笑容。但我知道，小丽的自信心并没有完全恢复，我还需要趁热打铁。

下课后，我又把小丽找来，给她一颗糖，说："老师要谢谢你，上次你帮我改的文章发表了。你想不想发表一篇自己的文章啊？"小丽点点头。我便对她说："这一周我们生物兴趣小组要做的实验是'探究食物中维生素 C 的含量'。你准备一些新鲜的蔬菜、水果，实验时要仔细观察记录，结束后写一篇实验论文交给我。"

实验时，小丽做得特别认真，观察得也很仔细，还把实验数据完整地记下来，并很快完成了实验论文。我用相机把实验的过程全部拍了下来。之后，我将小丽的论文《有趣的维生素 C 实验》打成电子稿并仔细修改，再配上照片，投到人民教育出版社主办的人教网初中生物栏目中，不久文章就顺利发表了。当我在班里公布这一消息时，班里又一次响起了热烈的掌声，学生们都向小丽投去了敬佩的目光，小丽脸上又一次露出了开心的笑容。

不知不觉中，小丽悄悄地发生了改变——上课不再低着头，而是和其他同学一样认真听课，并开始回答老师的提问。特别是语文老师上《安塞腰鼓》一课时，她主动上台展示，用四个矿泉水瓶制作了一个简易的腰鼓，边歌边舞，演绎了小丽版本的《安塞腰鼓》，赢得了全班同学的阵阵掌声和语文老师的高度赞誉。

小丽，那个始终低着头的小女孩，终于抬起头来了。

>>> 韩远华 · 湖北省远安县鸣凤中学

学习，更是一种责任

开学刚两周，学生小华便让我头疼不已——他不但性格怪异，经常迟到，竟然还拒做所有科目的作业。我找他谈话时，刚一提到作业，他便理直气壮地说："老师，我都两年没写作业了，您何苦呢？我知道您这叫苦口婆心，可我就是不想写！""你为什么两年没写作业？""因为我学习不好，所以老师从来不收。初中可是讲升学率的！""也就是说，老师把你放弃了？""是的，要不我怎么能来这儿！""因为初中老师放弃了对你的要求，所以你也放弃了对自己的要求，甚至准备放弃自己的一生？"

我说到这儿，小华抬起头，瞪大了双眼看着我，顿了一下才说："我没有想过这个问题。"我顺势开导他："你已经 17 岁了，到了该思考这个问题的年龄了！"

通过这次谈心，小华说他认识到原来自己竟如此软弱，总是以别人的评价来定位自己的人生。他表示想重新开始，并保证以后会认真写作业，好好表现。

一、他为何如此这般特立独行

可没过多久，小华就在英语课上与同学发生争吵。情急之下，他一拳将窗玻璃打碎，还当着老师的面转身而去。我把他找来，他一见面就解释说："老师，我是被逼无奈才会这样，我对他已经够忍耐了。如果在初中，我早就叫他脸上开花了！"我见他的情绪非常激动，便搬来椅子让他坐下，并温和地说："我只想听听事情的经过，你慢慢说。"

其实，事情的经过很简单。小华坐在窗户旁边，前面的同学嫌冷要他关窗户，后面的同学嫌热让他开窗户。正在犹豫之际，前面的同学因不满小华未按自己的意愿做，便喊他初中时的外号。小华对这个外号非常厌恶，从而引发了争吵。我找来那名学生，对他进行批评教育，并想化解两人之间的矛盾。同时，我引导小华说："虽然这件事并不完全是你的责任，但你的行为有些过激。记住，如果你真想抹去这个外号，就必须学会控制自己的情绪。"

这件事之后，我发现小华与同学间的相处仍然很不融洽，同学们都不太喜欢他，还有些排挤他，而他的表情里也透着失意和对立情绪。我询问了一些学生，他们纷纷表示小华对很多事情的看法和处理都很偏激，哪怕全班同学的观点与他的都不同，他也觉得自己的观点才是绝对真理，如果谁跟他争辩，他就会把谁看成异类、仇敌。为此我找他谈过好多次话，但均不见成效。于是，我决定从他的家庭着手。

二、爱的缺失让他步入迷途

我到小华家家访。刚坐下，小华母亲已是泪流满面，第一句话就问："孩子又犯什么错了？"我说："孩子很好，我只是顺路过来看看。"她无论如何也不肯相信，反倒宽慰我说："无论发生了什么事，我都承受得了！"

在随后的交谈中，我终于了解到小华坎坷的成长之路——两岁丧父，母亲早已下岗，家里仅靠微薄的抚恤金和母亲帮别人照看小孩维持生计。母亲希望孩子长大后能考上大学改变家境，可小华太淘气，从小学到初中，他一直在老师和邻居的告状声中度过。母亲则恨铁不成钢，别人告一次状，她就狠狠地打小华一次，打完后她又会独自伤心。从初四起，小华开始变本加厉，母亲训斥他，他便顶撞；打他，他便又砸玻璃又砸门。吵完之后，母子二人经常一连半个月都不说话。尽管母亲伤透了心，但她仍舍不得让孩子过早失去学习机会。

我理解家长的心情，也意识到她的认识存在误区——只有成绩好才有出息。于是我建议她尽量不要打骂孩子，毕竟孩子大了，有自尊心了，而且现在只要拥有一技之长就能够在社会上立足。

三、心灵沟通让他迷途知返

回到学校后，我找到小华告诉了他家访的事。听罢，他先是一怔，然后满不在乎地把脸扭向一边。我微笑着问他：“猜猜你妈妈说了什么？”他脖子一梗，淡淡地说：“我们俩性格合不来，我学习又不好，她看我哪儿都不顺眼。”我又问：“还有呢？”“打开我的房门，让大家知道我的窝如何邋遢，我的脾气如何大，她又如何倒霉才摊上我这样的孩子……”我继续问：“只有这些吗？”他狐疑地看着我，不再作声。我也收起笑容，平静地说：“你刚才说的这些话我都没听你妈妈说过。她只是说委屈了你，让你从小就没有得到过父亲的疼爱，而她自己脾气又不好。你妈妈知道很多邻居告你的状有些欺负的意味，可她能向谁去诉说？她打你、骂你，是希望你能成才，可每次打完之后，又有谁知道她心里的痛？她唯一的希望就是你能有出息……”

这时，小华的眼中溢满了泪水。我接着说：“你说你们性格不合，但你妈妈是爱你的。看看她身上穿的，还是十多年前的粗线毛衣。再看看你的，在同学中也算是中游……”他抽泣着说：“我从小看惯了母亲接受别人救济时低声下气的样子。我一直在想，等我以后挣钱了，一定给她买好多漂亮的衣服和最好的首饰。可她为什么只认准考上大学才是唯一的出路？为什么任何人告状她都不问原因就打我？她打完之后，我一定再去揍那些孩子，直到他们再也不敢告状。我一直觉得妈妈很快就会抛弃我，因为她一直跟我说，只要我到 18 岁自立了，她就离开我，再也不想管我，不想见我了……”

他终于说出了积郁心中多年的话。我见状开导他说：“你说得没错，考大学的确不是唯一的出路，但却凝聚着妈妈对你的期望，她希望你的未来有阳光、有鲜花。对你而言，现在最重要的是行动，而不是自暴自弃。记住，学习不仅仅是为了自己，它更是一种责任！”他点点头，若有所悟地离开了。

望着他离去的背影，我知道，他还有得救。我立即致电他母亲。当我说出小华内心的想法时，我听见电话那头传来呜咽的声音。

四、打开心扉让他感悟人生

之后，小华可谓一天一个变化。在学校里，他主动与同学沟通交流，大大改善了人际关系；在家里，他不再顶撞妈妈，还经常主动做家务。看着他一步步成长，家长和我都感到非常欣喜。

在我的鼓励和引导下，小华在假期里找到了一份酒店服务工作。虽然只工作了短短一个月，但其中的酸甜苦辣他体会得很深，尤其体会到了母亲所付出的艰辛劳苦。打工期间，他还进行了社会调查，写了一篇调查报告《餐饮业的发展及前景分析》。虽然文笔尚显稚嫩，但他已经迈出了坚实的一步。

我对他的报告进行了细致修改，并在全班朗读，还给予了极高的评价，尤其表扬了他头脑灵活、活学活用、观点新颖，同学们都对他投以羡慕与敬佩的目光。最后，我写下评语："如果你具备丰富的理论知识，这篇文章将会写得更有深度。我相信你能做到！"

这件事给予小华极大的信心和鼓励，他开始不断完善和提升自我。第二学期，他被同学们一致推选为班干部，并被聘为学校广播站广播员。在一次全校大型文艺汇演中，他还成功担任主持人。到第二学年，他的人生目标更加明确——报考大学。我知道他已经转变了对"学习好不代表有能力"的偏激理解，认识到"学习更是一种责任"。

>>> 于宁波　张伟·山东省威海工业技术学校

用同理心打破成长壁垒

同理心，泛指心理换位、将心比心，亦即设身处地对他人的情绪和情感的觉知、把握与理解，主要体现在情绪自控、换位思考、倾听能力以及表达尊重等与情商相关的方面。

一、了解错综复杂的家庭关系

刚接手一个班，前任班主任就提醒我要关注班里一个叫乐的孩子，并且要留心他父亲。我暗想：以我多年管理班级的经验，什么样的学生和家长没见过？

在一段时间的观察后，我发现乐不仅无心学习，还会拿别人的东西，甚至不愿接受批评教育，经常用极端的方式去博得老师的关注与同情。起初，他会用愤怒的眼神盯着老师，继而赌气不肯去食堂吃饭，后来干脆跑到校园的角落里躲起来……更加令我束手无策的是，来学校处理问题的一直是乐的大姐，其父母从未出过面。

因此，我专门找到前任班主任了解乐的家庭情况，她告诉我，乐的父亲已经是第三婚了；乐有两个姐姐，大姐 18 岁，辍学在家，专职接送乐和妹妹；二姐 13 岁，年幼时因发烧得了癫痫病，导致精神出现问题而不得不转学到特殊学校就读。大姐和二姐是其父与第一任妻子所生，乐是其父与第二任妻子所生。乐的父亲与乐的生母有着很深的感情纠葛，拒绝让他们母子见面，一年级时乐的母亲曾来学校看望孩子，乐的父亲竟然闹到学校。因此，前任班主任提醒我千万别惹这个暴脾气的父亲。

我想，可能正是如此错综复杂的家庭关系使得乐内心失去安全感，变得极其敏感、自卑，对学习丝毫没有责任心和上进心，成为班里问题最多、最严重的孩子，甚至成为其他孩子眼中的笑柄和课间的谈资……

于是，在对待乐的问题上，我如履薄冰，想管又不敢管，遇到问题甚至敬而远之。可一天早晨，乐又没有完成作业，我忍无可忍，狠狠批评了他几句："这作业，你还写不写？"乐居然瞪着我说："我不写！"然后扭头就冲进厕所大哭起来。当我把他拉出来时，他哭喊着："我要妈妈，你带我去见妈妈！"

这句话彻底刺痛了我的心，我不能再坐视不管了，这孩子不能再这样无人问津了，我要用同理心走进他的世界……

二、走进脆弱敏感的内心世界

冬天气候干燥，乐的脸上起了萝卜丝，我便随身带着润肤露，下课时把乐拉过来给他的脸上擦点儿润肤露。一开始他不愿接受，在帮他擦了几次后，他笑着对我说："舒服多了，谢谢老师！"我趁机问他："你真的那么讨厌学习吗？为什么总是不肯写作业？"乐回答说："爸爸经常喝酒，回家就和后妈吵架、打架。妈妈有的时候偷偷来看我，可爸爸知道后就骂我，还把妈妈给我买的东西全都扔了。"

听了乐的叙述，我心想：这孩子的父亲是一个多么冷漠无情、暴力倾向多么严重的人哪！我抚摸着他的头，安慰道："孩子，你知道吗？老师也是从小父母离异，寄人篱下的生活环境一度让我埋怨过父母，甚至想放弃自己。后来，我遇到了一个特别理解我的老师，是她给了我生活的勇气和学习的动力，让我知道既然改变不了父母，那么就改变自己，努力学习，创造美好的生活。你看，我现在做了老师，也有了幸福的家庭，而且我比别人更加热爱生活！"

乐听得很投入，瞬间有种和我同病相怜的感觉。我见状又补充道："这是我们的秘密，你现在还觉得自己不够幸福吗？"同时，我又把自己的一些经历讲给他听，让他知道家里人都爱他，还答应他想办法改变他的父亲。乐很感动，临走时给我深深鞠了一躬。

三、融化封冻已久的家校坚冰

安抚好乐之后，我主动加了乐的父亲的微信，正式告诉他以后孩子的学习问题我要和他直接交流。乐的父亲态度很好，表示一定会配合我的工作，可真正交流时，他却一直敷衍甚至不回微信。尽管如此，我依然没有放弃，每每想到乐的眼神里流露出的恐慌不安，我都告诉自己决不放弃！我开始把乐的点滴进步和成长统统告诉乐的父亲，不管他回复与否。渐渐地，乐的父亲开始有了回复，回复时有时还会伴有笑脸和“谢谢”。

可能是我的坚持让乐的父亲感受到我对孩子的关心是发自内心的，终于有一天，他给我发来一条长长的信息：“杨老师，您好！我是个粗人，不会说话。我 10 岁时父母离异，13 岁时母亲去世，15 岁时姐姐去世。我书读得少，脾气还很暴躁，婚姻也因为我的坏脾气而两次破碎，害了我的 3 个孩子，大女儿辍学，二女儿精神不好，这个儿子还让你们费心。我深深感到自责，如果没有现在的妻子的开导，还有您的理解，我们家早就散了。你们是对的，谢谢你们！”

我回复道：“其实您是个有责任感、有爱心的父亲，至少您还守着这个家和孩子们。您的观念不能再这么保守，要给乐和亲生母亲相见的机会；要珍惜现在的家人，创造和谐的家庭氛围，让孩子们在充满爱意和善意的家庭里生活，他们才能安心学习，好好做人！”

四、营造积极向上的人际氛围

做通了父子俩的工作，接下来，我要帮助乐尽快走出阴霾，让他感受到周围人的关心与帮助。

一天放学时，乐的二姐到教室里找乐。乐还在做作业，二姐在一旁自言自语打扰着乐。乐轻轻地说了几次：“你下去等我吧！”二姐快速塞了一包虾条给乐就跑开了。我静静地看着，没有打扰他们姐弟俩这特殊的问候，因为我被这温情的一幕感动了。于是，我走过去说：“乐，你看你二姐虽然精神有问题，可是她心里想着你，有好吃的也会留给你。我都看到啦！”结果第二天，乐拿了一包糖塞给我，说：“老师，这是我大姐让我带给您吃的。”那阵子，恰逢流感肆虐，我也做了一些梨膏棒棒糖送给乐和他的两个姐姐。这梨膏糖不仅仅是简单的食物，它还传递了我与乐一家人之间的温情。

与此同时，我在学校里也细心留意乐的每一次进步，及时给予表扬，并为他创造、搭建展示自我的机会与平台。

“乐，你的字写得真漂亮！”

“乐，这单元语文你考了 90 分呢！”

“乐，我们小组还缺个演员，你愿意加入来扮演孙悟空吗？”

就这样，乐的校园生活有了色彩，自信和喜悦洋溢在他的脸上。乐的父亲也有了很大改变：“杨老师，请问几点放学？我来接乐。”“杨老师，我今天又来接乐了，麻烦您告诉他我在门口等他。”“杨老师，乐最近在学校里表现还好吧？我现在经常跟他交流。”……乐的父亲也不再是一座冰山，他正积极努力带领一家人走出阴霾，迎接美好新生活。

>>> 杨丹 · 江苏省常州市武进区实验小学

相机美颜，师爱暖心

接手毕业班后，班里的“邋遢大王”小杭引起了我的关注。经过调查，我得知，小杭生活在一个老夫少妻家庭，爸爸年龄大，整日酗酒，经常打骂孩子妈妈，对孩子不闻不问；妈妈比较年轻，无业，家庭观念差，对孩子关心不够。小杭思维敏捷，看问题总有自己独特的视角，学习成绩本应名列前茅，但由于缺乏父母的关爱与管教，他整日邋邋遢遢，衣服脏兮兮的，经常丢三落四，学习成绩也比较差。最让老师头疼的是，他对人总是表现出很强烈的敌视情绪，而且有暴力倾向，不仅与同学关系很差，有时甚至公然和老师唱反调。我真想放弃这个小魔头，但又觉得身为班主任，不能因为一点儿困难就退缩。

前段时间，小杭感冒流鼻涕，他把擤鼻涕的纸巾一股脑儿堆在课桌上。下课后我走到他身边轻声说：“小杭，你把纸巾捡起来，你看弄得班里多脏，也影响班级形象啊。”让我万万没想到的是，他居然瞪了我一眼，然后径直跑去卫生间了。我孤零零地站在他的座位旁边，有些尴尬，也有些不知所措。更让我气愤的是，下午他竟把用过的卫生纸扔了一地，看到我还坏坏地笑。我问他这么做的原因，他居然说：“纸太多了，我没地方扔！”就这样，我被他顶撞得无言以对。

当天回家后，我想了很久……第二天，我早早来到学校，偷偷在他的课桌侧面系上了一个塑料袋。早晨他来到教室看到那个塑料袋，愣了一下。我赶紧走到他身边，小声告诉他：“你感冒了，记得课间多喝水，别忘了把用过的纸扔到塑料袋里，放学后倒掉。老师希望你快快好起来。”听完我的话，他沉默了片刻，然后吞吞吐吐地说：“……哦。”虽是简简单单的一个字，我却能感到，里面包含了小杭的些许感动，至少这次他对我的话有了回应。那天放学时，他的塑料袋里装得满满的。令我欣喜的是，他真的将袋子扔进了垃圾桶里。放学后，我主动找他谈了几句："昨天老师光顾着提醒你座位卫生问题，忘了过问你感冒的情况，真是抱歉。今天你做得很好，自己的座位周围没有用过的卫生纸，杜绝了传染源，你和同学们的健康都能够得到保障。我要替同学们感谢你！同时，我也要表扬你接受了老师的意见，并且认真执行了，真好！"他说话还是吞吞吐吐的，不过，却多回应了我几个字："哦……知道了……老师。"

第三天，他自己主动带了一个塑料袋，并请我帮他系在桌子侧面。我很欣慰，于是悄悄告诉他："你的座位今天真干净，老师很高兴，想和你拍一张合影，好吗？"他的眼睛睁得大大的，说："嗯，行！"我拿出手机，搂着他的肩膀，按下了拍照按钮。随后，我又按下了美颜功能，并告诉他："今天老师的衣服和脸被粉笔灰弄脏了，需要美颜一下。希望明天还有机会和你拍照，老师一定穿件干净的衣服。"听了我的话，他下意识地看了看自己，没有说话。我知道，这次除了感动，他也许还有所触动和反思。

又是新的一天，我发现小杭早早来到学校，居然穿了一件非常干净的衣服。像往常一样，请我帮他系好塑料袋后，他用期待的眼神看着我。我知道，他想要和我拍照。我摸摸他的头，说："你今天真帅气呀，座位干净了，整个人因为干净的衣服也精神了，老师为你骄傲！老师要和你多拍几张照片。"在这次的照片中，我看到了他自信满满的微笑。那天，我又和他进行了深度谈话："小杭，如果爸爸妈妈没空陪你，请你一定做个懂事的孩子，体谅他们的忙碌，自己照顾好自己。另外，今天的照片我会洗出来给你，你看，露出灿烂微笑的你，多好！千万不要再和同学们针锋相对了。"听了我的话，他不住地点头。送他照片时，我还在照片上写了一句话："与人友善，微笑前行。"

往后的日子里，他总是尽量穿得干干净净的，有时候还去办公室找我，让我和他拍照。而我也经常给他一个鼓励的拥抱，并且告诉他："拥抱你的感觉，真好，老师为你骄傲！"从那以后，小杭犹如变了一个人，很注意个人卫生，自信了，学习进步了，与同伴的关系也越发好了。这次评选"美彩小精灵"，他得了 19 票。这是同学们对他进步的肯定。除了关注他，我还利用家访等机会，和他父母沟通他的进步，让父母多关爱他。他的父母对我感激万分。看着小杭每天的变化，我的心里暖暖的。

>>> 康超 · 北京市朝阳区八里庄中心小学

有效阅读助他找到快乐自信

从教小苗的第一天起，我就发现他坐不住，注意力特别不集中，做作业浮皮潦草。课堂上同学们都在低头写作业，而他不是一会儿找铅笔，一会儿找橡皮，就是满地乱爬；可一下课，他就像脱缰的野马般跟几个淘气包在走廊里追跑打闹。

该如何帮助小苗呢？我请他妈妈到学校来，了解他在家里的表现。原来，小苗是家中三代单传，爷爷奶奶对他非常溺爱，要星星不敢摘月亮，家里玩具堆了满满一屋子。可是就连玩玩具他也只有三分钟热度。老人不懂教育，父母工作忙，无暇关注孩子的教育。上小学后，小苗注意力不集中、做事不专注的问题更是愈演愈烈——他常常是打开数学书，刚看一页就立马合上；做语文作业，刚写几个字，又说还有英语听力没完成……就这样，无论做什么事他都浅尝辄止。

为了尽快转变小苗的不良习惯，我决定从阅读方面寻找突破口。我开始有意靠近他，给他讲一些经典童话故事，例如安徒生的《丑小鸭》。当讲到丑小鸭备受欺负，孤独地离家出走，经历各种遭遇时，我戛然而止。小苗听得意犹未尽，想让我继续介绍后续故事情节，我便拿出早已准备好的《安徒生童话故事》递到他手里，并意味深长地说："这本书里就有《丑小鸭》的故事结局，你自己读吧！"小苗捧着我送给他的崭新图书，简直如获至宝。而我也惊奇地发现，这次下课后，淘气包们又来到走廊里追跑打闹，而他竟然安静地坐在座位上读起书来。

几天后的语文课上，当我问"哪个同学能用'飘'组词"时，学生们纷纷举手，有的说"飘扬"，有的说"飘落"，有的说"飘动"。小苗也举起手来，见状我赶紧提问他，他站起来大声说道："飘零。"顿时，同学们一脸惊讶地看着他。这次，小苗感受到的不再是嘲笑和鄙夷，而是敬佩的目光、惊喜的神情。

课后，我找到小苗，轻轻抚摸着他的肩膀，问道："小苗，'飘零'这个词你是从哪里知道的？"小苗一本正经地从书包里拿出我送给他的《安徒生童话故事》，神采奕奕地说："就是从这本书里呀！"我又问："读书后，你感觉和以前有什么不一样吗？"小苗想了想，眉飞色舞地说："我从书里读到了好多故事，学会了很多好词佳句！这样一来，我上课发言时同学们就不会再嘲笑我了。""是啊！小苗，结交了书籍这位好朋友，无论什么时候，它都会陪伴你；无论在哪里，它都会与你平等对话。虽然阅读不会立即让你成为全班第一，但是只要一本一本看下去，将来你一定会看到一个更好的自己。"小苗似懂非懂地看着我，眼神中充满期待。

这次谈话之后，我给小苗妈妈打了电话，告诉她小苗近来在班里的变化，让她在家里配合我，竭尽全力帮助孩子养成良好的阅读习惯和专注的做事习惯，并和孩子一起制订详细的阅读计划。家长很是感激，表示一定全力配合。于是，家长在家坚持亲子共读，我在学校借助我班书香班级的力量开展了一系列丰富多彩的读书活动，如"和好书交朋友"中队会、"我是小小演说家"读书演讲会、优秀读书笔记展评、"春天，我和图书有个约会"好书推荐会，等等。

一系列读书活动的开展，让班级的书香氛围更浓了。课间，在走廊上追跑打闹的淘气包少了，端坐在教室里专注读书的学生多了，小苗也在这样浓厚的书香氛围中一天天改变着自己。一天，小苗妈妈欣喜地给我打来电话，言语中满是感激和惊喜："苑老师，我家小苗近来变化可大了，回到家就打开书包，立即写作业，写完作业就捧起书读起来，读得可专注了，连吃饭都得催他好几次呢！阅读的力量可真大呀，太感谢您了！"

>>> 苑芳·首都师范大学附属小学

第五辑

学生成长热点难点问题教育策略

“被老大”的幸福

随着“二孩”政策的全面实施，一些学生面临着“被老大”的境遇。如何帮助学生理解、接纳这一改变，是我们不得不考虑的问题。

一、准备缺失：“被老大”抵触的根源

我刚刚接手一个新班，就发现女生小惠染着黄色的头发。开学第二天，她又没交作业。我问她为什么不交作业，她一直躲闪着我的眼神，不愿回答。我转而询问她头发的情况，她更是闭口不言。于是，我悄悄问她的同桌。原来，小惠上晚自习时总是写一会儿作业发一会儿呆，问她在想什么她也不说。

一般来说，学生们刚到一个新的环境里都想好好表现，给大家留下一个好印象。为什么小惠却如此另类？我又找到她，想通过谈谈她的家庭来找出些线索。这次，她终于开了口：“我爸爸是老师，妈妈是医生，他们关系和睦。”原来这是一个典型的知识分子家庭。于是，我跟她商量：“正好明天就是周末了，你回家把头发染回来，并且以后按时交作业，好吗？”她点了点头。

新的一周开始了。小惠依旧顶着一头黄发出现在我面前，而且没有交物理作业，还变本加厉地化了妆。我生气地问她：“为什么没有把头发染回来？”她轻描淡写地说：“我回姥姥家了，没空去染。”“那化妆和作业又是怎么回事？”我有些气急败坏地问道。她没有回答，脸上布满了不屑和鄙夷，好像做错事的那个人是我！我终于忍无可忍地冲她喊道：“把你家长叫来！”

两个小时后，小惠的父母同时出现在学校门口。她的妈妈挺着大肚

子，已经怀孕8个多月了。父母二人一再替孩子道歉，可小惠还是一副满不在乎的样子。经过一番劝说，小惠终于把头发染回来了。究竟是什么原因让这个孩子如此叛逆？我迫切想知道答案。于是，我轻轻地问小惠："你父母一看就是有修养的人，你肯定也不是坏学生。到底为什么会出现这种状况啊？"她低着头，沉默不语。"是因为你妈妈要生二胎吗？"一句试探性的话语，竟然令小惠的眼泪哗地掉了下来。

看来，我猜得没错。

看着哭成泪人的小惠，我心里也十分不是滋味。待她情绪缓和一些之后，我对她说："孩子，有什么心里话可以和老师说说吗？"小惠说："爸爸妈妈要给我生个弟弟妹妹，说是和我做伴，但我们俩相差16岁，哪里是伴儿啊？哪里有共同话题啊？我根本不想让他（她）出生！"小惠一口气把这些话说完，脸上还露出恨恨的表情，这让我有些惊讶。原来，是这些想法让她心中充满了冷漠、仇恨，甚至是自暴自弃。

朱永新教授说过："家庭教育是最容易出错的地方。"一些有经验的班主任也常常告诉我："每一个问题孩子的背后几乎都能追溯到他的家庭原因。"在"二孩"家庭里，老大出现抵触情绪，多半是因为老二出生之前，父母没有做好充足的准备。这个准备，不是为老二添置物品，而是给老大做好心理疏通工作。试想，在"二孩"来临之前，所有人都是围着老大转，可谓集万千宠爱于一身。如今，"不速之客"的到来，使得老大不再是唯一，在深感地位不保的同时，关爱和安全感也被夺走。其实，老大害怕的不是家中多了一个人，而是因为这个人的出现所带来的身边人对自己急转直下的态度。

二、心理疏导："被老大"也会有春天

马斯洛的需要层次理论提出，人的需要从低到高可以分为生理需要、安全需要、归属和爱的需要、受尊重的需要和自我实现的需要。既然小惠的问题主要出在爱的需要的缺失上，我就应该对症下药，让她感觉自己并没有因为弟弟妹妹的出现而失去什么，反而多了一份爱。

于是，我努力开导小惠："妈妈作为高龄产妇想要第二个孩子，可能是有自己的考虑，但毕竟这是他们的权利，你何不尝试理解、接纳父母的良苦用心呢？"她仍然噘着嘴，不吱声。我继续说："我有一个弟弟，从他出生后我就一直照顾他，后来他上学了，我也总是挂念他。开始时，我也没感到有弟弟的好处，当时的想法就跟你一样。但是，我身边没有弟弟妹妹的同学总是羡慕我，因为他们做什么都是一个人。为此，一到周末他们就组团来我家玩，还说要跟我抢弟弟呢！"

这时，一丝羡慕的表情从小惠的脸上闪过，但她马上又噘着小嘴说："但是他会跟我抢爸爸妈妈啊，我才不要呢！"我拉起她的手，说："在弟弟妹妹出生之前，爸爸妈妈一直是你一个人的。他（她）出生后，你还是爸爸妈妈的女儿，他们还是那么爱你。而且到时候，你还有一个崇拜你、把你视为偶像的弟弟或妹妹。周末或者寒暑假，你们一家人出去旅行、野营，大家有说有笑，那样的家庭是不是更快乐呢？"

说到这里，我似乎看到了小惠眼睛里闪动的喜悦，便继续对她说："还记得我跟你们说过，咱班政治老师最近每个周末都要去济南的医院照顾她生病的母亲吗？还好她是兄妹四人，大家可以轮流照顾老人。如果政治老师是独生子女呢？那她还不得辞去工作天天待在济南啊！将来你的父母老了，万一身体不好，那时弟弟妹妹也长大了，你们俩不就可以一起照顾父母了吗？你看爸爸妈妈现在就给你想到这一点，说明他们是多么爱你啊！"小惠一边认真听，一边不住点头。

三、亲子沟通：收获"被老大"的幸福

良好的亲子沟通不仅可以增进亲子感情，而且可以增加孩子的认知能力、辨别能力。如果家长忽略孩子的心理动向和反常行为，孩子也没有养成遇到问题向父母倾诉的习惯，那么孩子是很容易出状况的。

小惠说，她的父母已经很久没有跟她聊天，也好久没有拥抱她了。眼前的这个孩子不再露出那种令人不悦的表情，而是让人充满怜爱。关爱从哪里缺失，就要从哪里找回来。如果家长不去关注孩子的心理，敏感的小

惠终究还是要出问题。于是，我约见了她的家长。

听我说完孩子的情况后，小惠的父母感到非常惊讶，他们没有想到已经16岁的小惠会对这个问题想不通。所幸的是，一年来孩子莫名其妙的反常问题终于找到了症结。回忆起以前乖巧听话的小惠，妈妈居然掉下泪来，心疼地说："我们多想找回以前的那个小惠啊！"两位家长为之前的疏忽大意懊悔不已。在我的建议下，家长决定以后每天在小惠下晚自习之后，陪她聊聊天再睡觉，并且多抽出时间来陪伴孩子，不再让孩子感到缺少关爱。我的教育目的，不仅是帮助小惠摆正心态，正确理解父母生"二孩"的问题，还要帮助她正确自我定位，实现自我价值。人都有希望被认可的天性。于是，我跟小惠商定，在家要多体谅父母，做些力所能及的事；在学校要好好学习，认真完成作业，用实际行动让父母放心的同时，还要去追求自己的梦想。

小惠欣然接受了我的建议，并且在之后的日子里，渐渐步入了正轨——不化妆了，能按时完成作业了，上课也开始举手回答问题了，最关键的是，她的脸上时常洋溢着灿烂的笑容。学期末的家长会是小惠陪同妈妈一起来的。当我看到小惠挽着妈妈的胳膊，有说有笑地朝我走来时，我竟激动得掉下泪来。家长会结束后，小惠伏在我的耳边悄悄地说："老师，下次我把妹妹带来让您看看，她特别可爱，您一定会喜欢她的！"

一位心理学家说过："每个叛逆的孩子都是一个孤独的天使。"对"被老大"的学生来说，如果我们能够及时发现他们的心结，投以关注的目光，并耐心地送上温暖的关怀，小天使们又怎么会感到孤独？当我们用一颗心温暖另一颗心，用一个灵魂唤醒另一个灵魂的时候，我们就会发现身边的学生全都是天使。

>>> 辛娟 · 山东省淄博市第十七中学

我要扼住命运的咽喉

小杰是我班里一名表现出色的学生，他优异的学习成绩一直是父母的骄傲，他宽厚与豁达的品格也一直是同学们的榜样。可就是这样一个博得各科老师推崇和赞赏，颇受我这个班主任喜爱的学生，却在升入八年级后突然变了：常常一个人莫名其妙地发呆，有时还会因小事与同学发生争执，学习成绩也每况愈下，英语成绩甚至亮起了红灯。家长隔三岔五便与科任老师和我联系，我也多次做过孩子的思想工作，可起色不大。我是看在眼里急在心上，一直在寻找小杰反常行为背后的真正原因。

我首先联系小杰的母亲——一位普通的农村妇女。我起初怀疑小杰染上了网瘾，可询问之后得知他每个月上网不超过两次，属于正常范围，但家长不经意的一句话引起了我的关注和警觉："小杰每次上网回来情绪都特别低落，唉声叹气，口中还念念有词：'我怎么就没有上大学的命呢？'"我隐隐感到，也许就是这个"命"毁了小杰！

当天中午，我约小杰聊天时问他："听你母亲说，你经常说自己没有上大学的命，能告诉我是什么原因吗？"小杰疑惑不解地看着我说："老师，您还能管命运的事情吗？"我和缓地解释道："老师、家长都为你的学习成绩下降而担忧，担心你考不上理想的高中，以致不能顺利考入大学。我很想帮你找到原因。"小杰没有立即回答，沉默片刻后，才反问道："老师，您信命吗？"我愕然，难道真是这个所谓的"命"害了这个优秀的孩子？

小杰接着说："暑假时我无意中在网上占卜，发现我没有上大学的命。后来每次上网我都会试一下，无论是姓名占卜还是生辰八字算命，甚至是我的 QQ 号预测，都明确给了我一个答案：我是个学业无成的人。刚开始时我并不相信，可每个占卜网站和算命软件都是一样的结论！现在，老师您不也认为我成绩差，不能顺利考上大学吗？看来'命'还是很准的！"

了解到这些情况后，我在一款搜索引擎中键入“占卜”“算命”“星座”三个词，分别出现200余万个相关网页、556万个链接和数千万条信息。这些浩如烟海的网络资源正在等待人们的点击。想一想，真是可怕！

于是，经过深思熟虑和精心准备，我再次找到小杰，对他说：“你是不是很在意自己将来能否学业有成？”小杰低下头，一副欲言又止的神情：“是的，但我却——”我接着说：“我知道，越是自己在意的事，越是在乎别人的意见和评论，这是人之常情。而那些网络占卜软件为了让人相信，常常营造神秘的气氛，它们以不容置疑的权威口吻得出的结论往往显得特别理性、客观，很容易让人受到不良心理暗示，从而严重影响心情。”

我停顿片刻，接着问道：“你认为研究生毕业获得硕士学位算不算学业有成？”小杰答道：“肯定算啊！”于是，我在电脑上找到一个网络占卜软件，输入自己的名字，结果显示“学业无成”。接着，我又输入另一个名字，结果也显示“学业无成”。然后我告诉他：“这是我以前的一个学生，正在英国攻读生物学博士学位，应该是学业有成的典范吧！”此时，我看到小杰的脸上虽然流露出一丝欣喜，但仍有些将信将疑。于是我明确地说：“这是真的，他就是我们学校老师的孩子，不信你可以直接去问那位老师。”

见小杰终于放下了心理包袱，我又耐心引导他：“关于网络占卜软件，起初你只是抱着玩的心态去尝试一下，但在娱乐、消遣之后，这些测试会给你带来不同程度的暗示，而且暗示短时间内很难消除。如果你重复测试，便会对占卜结果加以强化，使心理产生微妙的反应。这正是钻了青少年缺乏自信又渴望了解自我的空子。送给你贝多芬的一句名言：‘我要扼住命运的咽喉！’”小杰听后使劲点头。

在一个月后的考试中，小杰的成绩重新回到原位。我如释重负，但正视现实的大环境，除了呼吁相关部门加强对占卜网站、软件等的监管外，如何提高青少年学生的免疫力，是需要我们深入思考、研究的课题。

>>> 杨建华 · 山东省枣庄市峄城海尔希望小学

假如他是我的孩子

“老师，您别再管他了，他简直不可救药，随他去吧！”晚上 8 点半终于等到小翔母亲的电话——孩子找到了，正在广场边上打台球。放下电话，我不由得深深叹了口气。

小翔，我办公室里的常客，爱打台球，爱玩网游，经常完不成作业。前天放学后，他和班上同学小瑞、小旭一起去网吧玩游戏。而这样的情况已持续半个月，他一直对家长撒谎说“参加了学校体育训练队”。他父亲一气之下把他带回家要他好好反思。没承想父子俩一言不合，小翔竟离家出走。于是就出现了开篇那一幕。

第二天早读课，我来到教室时小翔已坐在座位上。他偷看了我一眼，立即低下头去。虽然他父母对他已绝望，但我看出了他的愧意。我知道这孩子并非不可救药，但如何挽救他，把他从台球和网游中解救出来呢？我不由得想起了著名特级教师黄静华老师的两句话：“假如我是孩子！”“假如是我的孩子！”

是啊，假如小翔是我的孩子，我该怎样教育他呢？带着深深的思考，我开始试着走进他的心灵深处，把他当成自己的孩子来关注、引导。

一、改变从沟通开始

对待问题学生光有爱心远远不够，还需静下心来仔细分析，认真研究，找到对策。第一次家访时，我从小翔母亲口中了解到，小翔之所以有这么多不良习惯，主要是她宠溺的结果。小翔的父母开了一家小店，为了方便经营，购买了电脑，还在店门口摆了张台球桌。他父亲经常在外跑生意，常常几天不着家，母亲则根本不知如何管教孩子，只是一味溺爱。因此，小翔在家可谓为所欲为——打台球、玩网游是每天的必修课。刚开始是写完作业再玩，后来发展到玩完再写作业，再后来干脆连作业都不写了。虽然父亲三令五申不许小翔玩，但为时已晚，根本控制不了他的玩心；而小翔也由偷偷玩到明目张胆地玩，甚至从家里偷钱到网吧去玩。

一天下课后，我把小翔叫到办公室里，看着他那满不在乎却又暗含怯意、戒备的眼神，我搬来椅子让他坐在我的旁边，和蔼地对他说："听说你大姐上大学了，真为你高兴。"他顿时拉下脸说："好什么呀，姐姐们的学费都把爸妈愁坏了。"我很高兴他能意识到这一点，接着说："那你有何打算？"他说："我可不想把那么多钱交给别人，再说那会把爸妈逼疯的。"说着说着，他竟耷拉下小脑瓜儿："想归想，可我学习不好。"我鼓励他说："台球、网游能玩得那么好，证明你很聪明。如果改掉迷恋游戏的习惯，相信你一定能赶上来。"他猛地抬起头，喜出望外地喊道："老师，真的吗？我真的还可以吗？"我点了点头，语重心长地说："其实，父母给你起名叫鹤翔，就是希望你能够像仙鹤一样展翅飞翔，显示自己的风采，创造自己美好的未来。可别辜负父母的一片期望，老师看好你哟！"他感动地说："老师，从来没人对我说过这样暖心的话，也从来没人看好我。您放心，我一定会努力的！"

最后，我们约定：放学后他留在教室里写作业，我随时辅导，待到 6 点我下班时他再回家。同时，为了让他远离台球、网游，我让他父母提醒、监督他，而他则一定要听家长的话。小翔爽快地答应了我的要求。

从此，当他在课堂上想与同学讲话时，我会给他一个示意的眼神；当他在单元测试中取得 C（原来他只能得 D）时，我会冲他竖起大拇指；当他在行为习惯方面有所进步时，我会悄悄递给他一封激励信，让他意识到自己在老师心目中的重要地位。

二、闪光点成就自信

多元智能理论告诉我们，任何一个学生都有自己的优点、长处。我想小翔也不会例外。因此，我努力帮助他发现自身的闪光点，千方百计让他的特长能够有用武之地，使他的自尊心、上进心得到肯定和强化。

小翔的电脑应用水平极高，我便安排他担任班刊《心语》的编辑，负责排版和设计，并给每一篇文章配上插图。看着他的杰作，大家都赞赏不已，他也兴奋地说："没想到我这么厉害。看来电脑不光能玩游戏，还有这么多用途。今后我再也不会把时间浪费在玩游戏上了，我要发挥电脑的正确用途。"

知道小翔爱打篮球，我便找到体育老师说明情况，帮他实现进入学校篮球队的心愿。事后他开心地告诉我，这可是他梦寐以求的愿望，之前总是担心自己各方面不够优秀，所以一直没敢报名尝试。

运动会快到了，因为他高超的台球技术，我鼓励他参加"小猫钓鱼"项目，并安排他好好练习。他废寝忘食地训练，最终取得了年级第一名的好成绩。这进一步增强了他的自信心。

实践证明，根据小翔的兴趣、爱好、特长和心态特点，全方位、多渠道地创设条件给他更多表现和展示的机会，会给他创造良好的成长氛围。

三、多方合作促改变

虽然对小翔的教育有了一定收获，但我知道仅仅发挥教师的主导作用是不够的，还要充分利用各种合力，尤其是家庭的力量，对他施加积极影响。

于是，我到小翔家进行了第二次家访。小翔父母见我对孩子如此执着、不离不弃，感动地流下眼泪，下决心与我好好配合。经过商议，他们决定将店门口的台球桌撤掉，给电脑设置密码；小翔的父亲更是答应尽量减少外出时间，多抽些时间陪孩子，关注孩子的学习，不再简单打骂孩子，而要多与孩子交流。

同伴的互助作用也不容忽视，因为他们年龄相仿，兴趣、爱好相近，最容易沟通交流，其影响是潜移默化的。为了使小翔不再重复以前的错误，我安排离他家较近的小胜、小辉平时多与他一起上学、放学，一起写作业、做游戏，一来减少他接触台球、电脑的机会，二来让他感受到集体的温暖。

亲其师才会信其道。为了激发小翔的学习兴趣，课上，我时时把关注的目光投向他，尽量挑一些简单的问题让他回答，帮助他树立自信；预先把第二天要听写的内容告诉他，让他做好充分准备，强化他的学习动力。课下，我经常与他交流一些他感兴趣的话题，如电脑设计、体育活动等，听听他的想法、需求、希望以及内心的小秘密，让他感受到老师的关心和爱护。

渐渐地，小翔体会到了成功的喜悦，改变了许多，学习成绩也有所进步。

>>> 徐静·山东省枣庄市薛城区实验小学

向网游说“再见”

小亮本是一个聪明、活泼的学生，学习态度也一直较好。可从初一下学期起，他开始频频出现未及时完成作业的现象，而且上课时魂不守舍，下课后行色匆匆。经了解，原来小亮痴迷上网络游戏，还以买学习资料为由骗得父亲近两百元钱，将之全部挥霍在网吧里。

经过多次与小亮父子的深度沟通，我得出小亮沉迷网游的原因。其一，小亮的母亲在他儿时便已辞世，父亲心疼他没有母亲，对他几乎是有求必应，这使得他习惯了花钱大手大脚。其二，在学习上几经挫折后，失败感增强，产生学习倦怠心理，而虚拟的网游恰恰给予了他成功和快乐的体验。其三，对网游的危害认识不够，自认为不旷课、不迟到，只是利用课余时间玩，对沉迷网游后果的严重性估计不足。其四，缺乏自制力。小亮坦言，有时本想做完作业再去玩，可一走到网吧门口就禁不住诱惑进去了。每次玩网游时兴高采烈，游戏结束后却有深深的愧疚感，可就是管不住自己。

面对小亮的现状，我进行了深入分析，并制定了一系列措施，努力从根本上使其认识到问题的严重性，从而走出网游的泥潭。

一、坦诚分析网游利弊，促其进行自我反思

我首先帮助小亮做了心理测试。测试结果显示，小亮出现因游戏而影响正常学习和生活以及骗钱玩游戏的行为，已属于中度痴迷。这一结果让小亮颇受震撼。继而，我要求他以“网络中的得与失”为内容进行理性思考分析，逐条列出并进行对比。当单纯地追求游戏快乐与失去家长、老师和同学的信任，以及自己在生活中的挫败感形成鲜明对比时，小亮沉

默了。

我又让他利用网络搜索沉溺网游的危害。当他把搜集到的资料交给我时，我也将自己搜集到的触目惊心的案例交给他。当一个个与他同龄的中学生从痴迷网游开始到最终走上犯罪道路的案例摆在他面前时，更引起了他思想的震动。我趁热打铁，要求他把内心真实的感触写出来。他在文章中写道："我本来以为玩游戏就是玩游戏，根本没有认识到问题的严重性，可在我看到自己的心理测试结果、那些中学生因网游而犯罪的案例，以及老师帮我分析沉迷游戏的弊端之后，我感到后怕：如果我继续执迷不悟，也许有一天我也会成为网络游戏的猎物。"

我的一番努力达到了预期的效果，这让我备感欣慰。然而，我也清楚地知道，要想使他彻底改变，仅有思想认识是远远不够的。

二、营造班级快乐氛围，助其品尝成功的喜悦

小亮痴迷网游的重要原因之一是学习上的挫败感，而网游则带给了他极大的成就感，这在很多痴迷网游的中学生中具有普遍性和典型性。为此，我在班里开展了一些竞赛活动，充分发挥学生的积极性，使他们在竞赛中体验学习的快乐和成功。例如班级智力竞赛，我要求每个学生都出题，然后选择合适的题目和我先前出好的题目放在一起；学生分为 3 组进行比赛，最后每组选出 3 人进行第二轮比赛。

活动中，为了激发小亮参与的积极性，我提出希望他当我的助手。看着同学们羡慕的眼光以及围着他刨根问底的情形，小亮的脸上流露出喜悦的笑容。我趁此机会鼓励他说："这仅仅是快乐的一部分，要知道你失去了竞争的快乐，老师希望下一次活动时你能成为活动的主角。"

另外，我还联系科任教师，请他们关注小亮的每一次努力和进步，并及时与我联系，我要对他进行鼓励和表扬。经过一段时间的努力，小亮的精神状态发生了明显变化，不但上课能够主动发言，参加班级活动时也更加积极。在随后的班级辩论赛"我看网络游戏"和心理班会"压力面前我做主"中，他都有上佳表现。

可就在我认为我的教育正要取得成功时，有学生反映小亮周五晚上又进了网吧，并且玩了一个通宵。

三、改变家长的教育观念，形成家校教育合力

我又一次找小亮谈心，了解到他父亲为了促使他进步设立了优厚的物质奖励——只要考试进入前10名，就奖励5元钱。最近我们进行了一系列复习测试，小亮有两科成绩进入前10名，从而获得了10元钱的奖励。于是他在网吧玩了一个通宵，而他粗心的父亲因为上夜班，对此一无所知。

我觉得小亮父亲在教育观念上存在误区，而小亮又是一个自制力较差的人，一有诱因，就很容易出现反复。因此，我和小亮父子进行了一次特别的沟通——请小亮父亲介绍他所做的工作以及家庭收入的来源。当小亮了解到父亲每月只有1500元的工资收入，要靠兼职维持家庭开支，为了能让小亮“过好日子”，父亲每月的消费仅为258元时，他惭愧地低下了头。

见此情景，我不失时机地说：“天底下的父母都是最无私的，为了你的进步，父亲付出了很大的代价，父亲给你的奖励是他表达父爱的最直接的方式。作为孩子，你要理解父亲，如果你能够妥善处理这笔财富，不仅会提升你的理财能力，更对得起父亲的拳拳爱心。如果节日里给父亲送上一份充满爱的礼物，不是比把金钱浪费在网吧里更有意义吗？”小亮听后起身向我深深鞠了一躬，说道：“老师，谢谢您！我以前从未体谅过老爸的辛苦，花钱大手大脚，还深陷网游，实在不应该。您放心吧，这次我一定要和网游说‘再见’！”

在与小亮父亲的谈话中，我表示理解他的做法，但是希望他不要轻易给孩子零用钱，而是多关注孩子的饮食起居，引导小亮树立正确的消费观念，并指导小亮建立账本，进行理财教育，特别是对孩子的消费要了解，不给小亮上网的机会，使学校与家庭形成教育合力，彻底扭转小亮的坏习惯。

这次深谈引起了小亮父亲足够的重视，在随后一段时间里，小亮果然再没有机会进入网吧。

四、形成互助学习小组，发挥集体教育的作用

为了使班级学生能够共同进步，我在班里设置了四人一组的互助学习小组，让学生在学习上互帮互助，在生活中多加沟通，形成积极向上的班级风气。尤其是小亮这一组的成员，是我精心选择的：小婷同学是一位认真负责、品学兼优的学生，可以起到引导全组进步方向的作用；小宝同学学习扎实，思想正派，与小亮家仅隔一条马路，放学后他们可以一起回家，这基本上使小亮失去了放学途中溜进网吧的机会；小亮聪明有余，但自我约束力不够，学习成绩忽上忽下，所以我给他布置了帮助浩然同学的任务；浩然同学虽然学习基础差，听课吃力，但很认真，很努力。这样的安排，对小亮既有引导、约束的力量，也给了他展示自我、帮助同学的机会。其实，在帮助浩然的同时，小亮也在进行自我教育、自我提高。在这样的小组里，小亮既有学习的榜样，也有发挥自己能力的空间，不断学习别人的优点，也竭力帮助别人，最终赢得了尊重。

经过以上教育过程，小亮有了比较明显的进步，而且再未出现沉迷网吧、深陷网游的现象。对此我深有感触：教师不仅要找到孩子犯错的根源，而且要有针对性地制定教育措施，不能武断打压、操之过急，强制教育往往会适得其反，针对具体情况采用灵活多样的教育手段更能收到良好的教育效果。

>>> 邢会英 · 河北省石家庄市第八中学

变“身管”为“心育”

开学不久，一铭便成了班级特别人物：上课铃响时，他才开始往厕所跑；中午放学时，其他学生都已排好队列，他却还在收拾文具；下午上课时，他总是最后一个走进教室，而且通常会迟到；下午放学时，其他学生早已背好书包、恨不得插翅向外飞，而他才开始往书包里塞第一个本子……总之，无论我的目光何时锁定他，他总是一副与别人格格不入的慢半拍状态。

这样的画面日日上演，我日日心烦——年级部的点名册上，班级因为他天天被扣分；每日班级放学评比，他更是“贡献有加”。我无数次要求他准时到校、按时做事，但统统无效。

正所谓“心急吃不了热豆腐”，我只能静下心来，冷静分析和思考：究竟是什么原因造成了他的习惯性迟到和慢半拍？如何从根源上帮助他改变？

一、揭开迟到面纱：从误解到理解

通过几天观察，我发现一铭每天早晨来得并不晚，且交完作业后都能自觉读书。这样看来，他并不是完全意义上的“迟到大王”，在守时方面也并不都是负面表现，我甚至还应表扬他在早读课上的良好表现。于是，我偷偷拍下他认真读书的身影。

上课铃响了，我看到他又开始从教室往厕所晃悠。看到我后，他立马表现出一副憋不住的可怜样儿。我示意他赶紧去。待他走后，我来到他的座位旁。此时，其他学生早就准备就绪，可他的桌面上还摆着上节课的作业本。我仔细一看——好哇！原来他利用课间抢着做家庭作业，而且已经完成了不少，怪不得来不及去厕所呢！于是，我拍下他的作业本。

他回来后才开始收拾桌面，而其他学生早就静等好久了——这一画面，正是我平时常常看到的。

下午上课前，我特地到校门口去迎他。我看到他妈妈准时把他送进学校转身离去后，他的脚步却停住了。我好奇地跟过去，只见他站在校园橱窗前，凝神看着里面的展板。展板内容大多是学校各种各样的活动剪影和活动介绍，每隔两三周就会更新一期，每期展板近二十块。因为平时的活动空间和时间有限，孩子们常常与这些生动的活动擦肩而过，很难有机会驻足观赏。一铭看得津津有味，根本没有发现近处的我。于是，我又将这一瞬间拍下。

看完两块展板后，他似乎恍然醒悟，赶紧往教室跑去。此时，他已经迟到十几分钟了。

看着那个奔跑的背影，我释然了：迟到，只是他呈现出来的一个结果片段。了解到前因后果后，我发现他其实算得上一个可爱的孩子——有着积极上进的学习态度和充满好奇的孩童天性，缺少的只是师长的有效指导和耐心提醒。

一度成为班级"黑名单"上常客的一铭，其平时的表现和我相机里拍下的画面，形成了强烈鲜明的对比。我陷入沉思：原来"问题学生"的背后不只是问题！

二、反思教育偏差：从"身管"到"心育"

一铭的表现，大多是与"迟到"联系在一起的，我的视线也总是落在事情的结果上，而我的要求、批评、警告，以及各种扣分，都是"身管"行为。然而，这种行为又岂能促其真正改过？我逐渐意识到，只有疏其内里，育其心智，才能解决问题。

1．境之育：关注正能量

于是，我召开了“勤奋好学”主题班会，围绕“寻找身边‘勤奋好学’的榜样”展开讨论。在叽叽喳喳的探讨声中，大家的视线落在几个成绩出色的“勤学之星”身上。当他们到讲台上做介绍时，其他学生眼里的羡慕是那么真实。我不失时机地说道：“老师最近也观察到一名‘勤学之星’，想知道他是谁吗？”当PPT上显示出一铭的照片时，小家伙们的眼神里满是惊讶和不屑。可随着照片的慢慢播放，他们目光里的惊讶和不屑渐渐变成了佩服。因为我给照片配上了评语：“早读课上，你认真读书的样子成为最美的画面。”“课间，在喧闹声中，你依旧专注。孩子，休息一下，好吗？”……这时，我看到一铭不好意思地低下头，一会儿又抬起头四处张望，嘴角开心地翘了起来。

放大的优点默默地在一铭心里生了根：“我是个勤奋好学的好孩子！”

2．法之育：合理巧安排

在正能量的影响下，一铭的学习劲头更足了。此时，我要教给他合理安排学习时间的方法，以契合其想要更好表现的积极心理。

课后，我把他的“慢半拍”照片单独放给他看。真实的画面、“勤学”的表扬和鼓励、心平气和的引导、朋友式的交心，架起了心育的桥梁，消除了他对老师的抵触情绪，搭建起和谐交流的平台。于是，我抓住几个特别的时间点，对他提出建议和指导，如“调换一下上厕所和做作业的顺序，你觉得如何”“放学时早点儿收拾好书包，你肯定会成为第一名”“希望下次我能拍到你第一个站队的照片”等。

轻松的交谈氛围，让一铭不再被动接受教育和指责；有效的方法指导，也让他不断尝到甜头，内心对自己充满更多期待。

3．情之育：体验荣耀感

一次交流和指导是远远不够的，习惯的养成就是“抓反复，反复抓”的过程。因此，每个关键时间点我都会特意关注一铭，并在与他商量后，邀请他的同桌帮助、提醒他。

有一周，因为他的积极努力，我班获得了流动红旗，我特意让他去台前领红旗。晨会课上，我让他谈谈这面红旗和自己的关系。他茫然地看着我，不知所措。我示意其他学生发言。

“这周中午，一铭都能准时到放学队伍里集合，班级没有被扣分，所以这面红旗有他的功劳。”“这周他都能准时静息，班级纪律没有因为他扣分。”……同学们说得越多，我越能感受到一铭的动情，他的脸蛋儿、眼眶越来越红，小手将红旗握得紧紧的。

当我让他把红旗挂在墙上时，我看到了他小小的身影、认真的动作以及立在红旗前深深的凝视。那一刻，我能听到他内心最坚定的决心。

4．心之育：和时间赛跑

一铭不断反复，不断进步，常常还需要不断提醒。我知道这需要过程，内心的积极向上和老毛病带来的惯性，总会不断地作斗争。只有持续对他进行心育，才能促使他实现真正的成长。

于是，每当课间看到一铭从厕所回来再做作业时，我就会摸摸他的头：“适当的休息也很重要哦！”“今天的先后顺序安排得不错。”每当中午看着他急匆匆地往教室赶时，我都会笑着向他竖起大拇指：“今天没耽误，你真棒！”有时他会笑着向我做个鬼脸，有时他会露出一副“很简单哦”的得意样儿。再遇到他迟到的情况时，我只是示意他看看教室前面的红旗，提醒他：“争取做最好的自己！”这些就像一剂剂心灵鸡汤，鼓励着他，也润泽着我们之间的关系。

有一天，我终于拍到了他第一个站到放学队伍中的画面，他郑重地对我说：“我要和时间赛跑！”

三、巩固心育之果：辐射从点到面

其实，班里不懂得合理安排时间的学生不止一铭，我更希望在巩固对一铭的心育成果的同时，实现从点到面的辐射。因此，我围绕“合理安排，珍惜时间”继续开展主题班会课、手抄报展示以及“我的‘合理安排，珍惜时间’小故事评比”等活动。在活动中，我鼓励学生寻找更合理、高效的学习生活方式与更科学的作息时间安排。这些举措不但能够增强整个集体的时间观念，而且可以转变学生的时间意识和行为。

其实，学生总是存在各种各样的问题，有时问题是个别的，有时问题是普遍的。不同的问题，不同的问题学生，需要不同的方式处理、对待，而成功转变问题学生的关键点应该落在教师思想的转变上。总有一把合适的钥匙能够打开那把心锁，找到那把钥匙时，你就会听到花开的声音。

>>> 姚国艳·江苏省海安县实验小学

凝聚教育合力，抚平心灵之伤

一、学生案例

小辉自转入我们班后便显得“与众不同”：课上无精打采，眼神迷茫；课下则精力充沛，惹是生非。小辉比班上同学大一岁，经常与男生打架，辱骂女生，而且恶作剧不断：给同学起外号，趁同学发言时将凳子抽走，在女生的文具盒里放虫子……他的存在，令我头痛不已，令同学躲避不及。

二、原因探究

通过与小辉父母的深入交流，我了解到：小辉父母忙于生计，又缺少教育孩子的方法，于是每次小辉犯错时，他们要么把他晾在一边进行冷处理，要么就直接进行棍棒教育……据小辉母亲介绍，有一次，小辉和同学打架，他父亲在盛怒之下竟然把他吊起来用皮带抽打。每次说到小辉，夫妻二人总是唉声叹气。

我意识到，小辉父母对他的失望、灰心、放弃以及与他缺乏心灵交流，是小辉自暴自弃、仇视他人的主要症结。因此，我决定顺藤摸瓜，予以引导。

三、解决措施

1．借代币制，帮小辉规范行为

用什么办法能有效而长久地让小辉自觉自律呢？我查阅了许多相关资料，最后决定运用个体心理辅导中的代币制帮助小辉成长。于是，在了解小辉的喜好后，我与他进行了细致的交流，并制定出了对他的行为要求和奖励项目（见表1、表2）。

表1　行为要求

一天中坚持不和同学打架	奖励 1个
一天中坚持不和同学吵架	奖励 1个
找到同学的一个优点，并记下来	奖励 1个
连续一周不损坏别人的东西	奖励 2个
做一件为他人服务的好事	奖励 2个

表2　奖励项目

获得数量	奖励项目
获得 10个	老师与他打乒乓球
获得 20个	老师与他共同主持一次班会
获得 30个	老师为他照相，并将照片贴在“班级之星”栏目中
获得 50个	校长在全校集会时为他颁发“希望之星”的奖状、奖品
获得 80个	全班师生给他过生日
获得 100个	成为班里的纪律班长

对学生行为的规范和心灵的启迪，奖励往往胜过惩罚。由于“行为要求”和“奖励项目”是事先与小辉商量后制定的，所以小辉从内心里还是愿意配合的；在随后具体的实施过程中，又根据小辉行为的变化和外力因素的影响，不断进行调整，使他能够始终保持积极主动的心态。

渐渐地，我惊喜地发现，小辉有了转变——本来要求他做到的事，他开始自发地去做。

2．借短信沟通，助家长重拾信心

要想令小辉改变种种不良行为，就需要家长的积极配合。只有家长对他有足够的信心，不断鼓励、引导他，才能激发他积极的心态。所以，我努力用放大镜去寻找小辉的优点：每当他表现好时，哪怕只是出现稍纵即逝的闪光点、微不足道的小亮点，我都会及时发短信告诉小辉的父母，并且坚持每周至少发送 3 次。例如，小辉今天没有与同学闹别扭，他很乖；小辉今天主动为我擦了讲台，谢谢他；小辉今天的作业很工整，我很开心……

我想，我对小辉一次次的肯定一定能燃起家长对孩子的信心火炬。一个月、两个月过去了，终于在一个下午，小辉母亲第一次主动走进了我的办公室，与我进行面对面的沟通。她告诉我，小辉在家里开始干家务了，小辉父亲不再打他了，说我是最负责、最有办法的老师……那天，小辉母亲哭了，我却笑了，因为我的努力坚持、良苦用心终于改变了小辉父母对小辉冷漠、消极的看法。

3．借同伴之力，助小辉融入集体

每个孩子都需要来自同伴的友谊和鼓励。我坚信，童心能够唤醒爱心，爱心能够滋润童心。不然，小辉的学习生活依然没有色彩，黯淡无光。所以，一方面，我以身作则，不露声色地关心他、鼓励他；一方面，我找来班里性格开朗的学生，让他们主动邀请小辉参加游戏、活动。起初，小辉对别人还是心存芥蒂，经常借故推脱；但在同伴们一次次真诚的召唤下，他开始接受邀请，加入活动当中。

为了更好地帮助小辉，我又召开了班级小干部会议，请小干部们畅谈对小辉的看法。大家都明显感觉到了小辉最近的变化，并且一致表示愿意不计前嫌，与他交朋友，用实际行动帮助他尽快回到集体的怀抱中来。

有了同学们的助力，小辉的行为问题得到了比较明显的改善——之前一个月偶尔还会跟同学闹别扭，到了第二个月，就经常能见到他的笑脸。在老师、家长和同伴的共同努力下，小辉终于一步步走出了孤独的阴霾，开心的笑容越来越多地浮现在他的脸上。

我不会忘记与我打乒乓球时他那专注的神情，与我一起主持班会时他那腼腆的面孔，我为他拍照时他那灿烂的微笑，校长为他颁发“希望之星”时他那自豪的呼喊，集体为他过生日时他那激动的泪水。而现在，他正自信满满地为实现成为纪律班长的目标而努力奋进。

小辉的转变使我明白，教育是爱的共鸣，是心与心的呼唤，是情感的交流，也是智慧的体现。因此，我们只有全面了解学生的个性特点，善于运用艺术、智慧的教育策略，及时、尽力与家长沟通，并调动学生群体的爱心，才能形成和谐、巨大的教育合力，弥补孩子心灵的缺憾，使其走出阴霾，敞开心扉，融入集体，成为和谐音符，奏响和谐乐章。

>>> 王丽明 · 河北省张家口市高新区下小站小学

青春期叛逆，因为“你不懂我的心”

“这就是我们班的班委，一个个跟屈老师一样能说会道！你们爱说什么随便，我就这样，看你们能把我怎么着。”阶梯教室里，小博红着眼睛、表情狰狞地怒吼着。班长小刘静静地站在旁边。我看着小博的样子心想：这把火，我还得继续让他烧！

这个暴怒的孩子叫小博，他的故事要从初一刚入学时说起。

一、急转直下，叛逆来临

刚入学时，小博就以独特的自我介绍、强大的号召力和活泼幽默的性格成为男生的小领袖。选举班委时，小博被选举为班长，跟另一个班长小刘共同管理班级事务。

小博的领导力很强。开学不久，他就迅速和班级同学打成一片；几天后的教师节，他带领全班同学给了老师们一个惊喜；开学第一周的大扫除，他指挥全班同学把教室打扫得一尘不染，我们班卫生成绩得了 A；开学一个月后的年级跳绳比赛，在我不在学校的情况下，他号召全班同学放学后练习，我班在比赛中取得全年级第一名的好成绩。在日常工作中，他认真观察班级问题，及时向老师汇报，和老师商讨解决办法；也会发现班级新问题，及时修订班规，弥补制度缺失。

然而，小博有个非常大的弱点——情绪容易失控，一旦遇到不顺心的事情，就容易钻牛角尖——拍桌子，踹椅子，甚至用手砸墙。而不顺心的事情大都来自他的学习成绩。他成绩一般，被老师提问或者叫去办公室时很容易情绪失控。不仅如此，语文复习时，后桌同学吵闹令他心烦气躁，便与对方发生冲突；英语听写不过关时，他泪流满面，怀疑自己智商不足。

总而言之，这孩子的脾气一点就着。

初一下学期，小博突然找到我，希望辞去班长职务，原因是自己成绩差，不配做班长。我听了有点儿愕然，再三挽留后他还是坚持己见，我只好答应了。

从那之后，小博就像变了一个人似的，班级所有活动他都不参加。由于他的影响力比较大，他不参加活动严重影响了同学们的积极性。不但如此，小博的纪律情况也变得越来越差。更为糟糕的是，他的成绩并没有因为卸任班长而有所提升，他还经常被老师叫到办公室训话。然后他则将心中的不满情绪发泄到同学身上。班委对他进行管理，他竟跟班委对着干。班委非常头疼，屡屡向我告状。

二、巧借好友释放、发泄情绪

要想解决小博的问题，就得先让他认识到自身的问题。思来想去，我决定先让他发泄，再开始正式的话题。

周五放学后，我把小博和小刘都叫了过来。作为班长，小刘看到、知道的肯定比我更多，也更能一次性把问题说清楚；而且小刘头脑灵活，稳重踏实，懂得进退。他明白我的意思，于是不加丝毫隐瞒地把小博违反班规的事情说出了至少 10 件。

果然不出我所料，每一件事情说完，小博的怒火都燃烧得更旺。他跟小刘激烈地争辩着，要么不承认是自己所为，要么就说小刘是故意陷害。等说到第 10 件的时候，小博已经歇斯底里了。于是，发生了文章开篇那一幕。

我静静地看着小博压抑许久的愤怒喷薄而出，心中既不激动，也不生气。我想：孩子，尽情发泄吧！发泄完了，你就能安静地听我讲话了。过了一会儿，我见时机成熟，对班长说道："小刘，去把小马叫来！"

小马是女生中和小博关系最好的一个，她在女生中很有威信，也很善解人意。他俩有着共同的兴趣爱好，也有着学医的共同志向。小马的话他应该更能听进去。

小马来了，我问她：“小博这学期的表现，相信你也看到了，能说说感受吗？”小马停顿了几秒后，对小博说：“上学期，我认为你是我们班最具有正能量、最优秀的男生；可这学期，你真的让大家太失望了。”小马说完，小博立马怔住了，原以为好朋友会帮自己说话，可没想到却恰恰相反。

“你之所以如此激动，就是因为你压根不想承认这就是现在的你！”小刘义正词严地补充道。

“是的，小博，他们今天不是来批判你，而是和老师一起来帮你解开心结的。因为我们都发现了你的异样，我们都有一个共同的心愿：就是帮你重新回到之前的最佳状态。”我语重心长地说道。

此时，小博不说话了，泪水无声地流淌着。我摆摆手，示意小刘和小马离开。教室里只剩下我和小博两个人。现在的我，不需要疾言厉色，而要俯下身子，用情感融化小博心中已经濒临崩塌的冰门。

三、温情融化冰门，打开心扉

“你还记得上学期我跟你第一次聊天吗？就在这个地方，那天我们聊了很多。你说我非常像你小学时喜欢的一位班主任，虽然她只教了你们半学期，但是你却对她最难忘。”我缓缓地说道。

小博静静聆听着。我知道小博对我很尊敬，也很有感情。他在作文中曾多次写到我，他父母也多次告诉我孩子很尊敬我这个班主任。小博重情，他的壳越是坚硬，我就越是应该柔软。

“你做班长的时候那么游刃有余、尽心尽力，还说要把班级打造成年级第一。我知道辞去班长并不是你的真实想法，你能告诉我真正的原因吗？”我轻轻地问道。

小博擦了擦泪水，开始他的倾诉。原来，小博的父母对他的成绩要求很高，而以他目前的能力根本无法达到，所以他心中非常苦恼。家长还经常拿班长的事情对他进行鞭策，“你看你还是班长呢，考这么点儿分怎么带动班级呀”成了家长的口头禅。而这在他看来却成了一份沉重的压力。

此外，寒假期间，一位素不相识的学姐跟他的一番谈话更让他加重了对“成绩不好，就无法上好高中，也就无法上好大学，进而找不到好工作”的恐惧。

种种压力之下，小博索性不做班长了，他想节省时间专心学习。可事与愿违，非但成绩没上去，他在班里也完全找不到自己的位置。于是，自卑演变成自弃，他开始故意跟班委作对，借此来发泄心中的不满，摆脱迷茫。

原来，这孩子对外界压力过于敏感，导致自己步调混乱、情绪失控、行为叛逆。他的种种叛逆行为，并非真的为了跟老师和同学作对，而是在发出求救信号。然而，我只看到了他的叛逆，而没有读懂他的内心。那一刻，我的心情特别复杂：我为他年龄小却让自己如此“压力山大”而心疼，我为他不分虚实就盲目相信他人、否定自我而生气；我也深深自责：为什么一开始没有真正读懂他的心？

于是，我先帮小博详细分析了他的情况，然后告诉他：“孩子，你非常优秀，不要在乎别人的眼光，更不要被不实信息带偏了。你的优点那么多，把自己的长处发挥出来，获得成就感和愉悦感，你的状态就会越来越好，甚至弱势科目也会自然跟上来。不要担心，成绩不如意只是一时的，有什么疑惑多跟老师聊聊，我一定会尽全力帮助你！”听了我的话，小博的眼睛里终于露出丝丝光芒。

四、亲子沟通，解开心结

“老师，谢谢您这么耐心地开导我！可是父母给我的压力依然很大，您可以帮我跟他们说一下吗？”小博心存顾虑地说。

“你的父母就在校门口等你，他们早就发现了你的异样。这次跟你约谈，我已经提前告诉了他们，他们现在就可以进来。”我微笑着告诉小博。

小博的父母听完小博的倾诉后终于明白了孩子叛逆的根源。他们答应小博以后再也不会强行制定目标。是啊，对父母来说，还有什么能比孩子健康地成长更重要的呢？拔苗助长，出发点虽好，可终究违背了孩子成长的规律。

这时，小博轻声说道："老师，其实我跟班委作对还有一个很重要的原因：我想知道他们如何管理我们这些不服管理的学生，这个班级我能不能放心放手……事实证明，小刘他们都很认真负责，但是方法上我觉得我可能更多一些。如果可以，我还想帮您管理班级。"

听了这番话，我心头一震：在他看似叛逆的行为背后，竟然有这样一份初心，而且如此纯真！可我只看到了他表面的叛逆，却没读懂他真实的内心。我赶紧鼓励道："好的，从现在开始你要放宽心，多跟老师交流、多提问，把成绩提上来，重新树立自己的形象，多给班级带来正能量。老师相信，那一天不会太远的！""嗯，我一定会努力的！"小博说道。

在送走小博和他的父母后，我看了看手表，从开始沟通到现在已经将近四个小时。尽管如此，我的心中依然欢畅。

此后，小博的叛逆行为少了很多，也越来越多地帮助我管理班级。在谈话后一个月的期中考试中，小博的成绩进入年级前列，这让他激动不已。在谈话后的两个月，我特意让小博负责班级值周工作，他不负众望，把值周岗位安排得妥妥当当，宁可饿肚子也要按时到岗监督。直到学期结束，小博积极为班级公众号撰稿，发表了多篇佳作，成绩也稳步上升。尽管他的叛逆行为并没有彻底消除，依然有管不住自己的时候，可谁在青春期没有一点儿叛逆呢？

事后，我也进行了深刻反思。首先，在小博请辞班长时，我没有深入了解他的潜在需求，如果当时能先观察、了解再做决定，结果或许会大相径庭。其次，班主任要练就读懂孩子心理需求的能力。叛逆行为可能是孩子寻求帮助的表现，我们要及时发现并读懂孩子的心。再次，与小博的谈话让我更加坚信，对待青春期的孩子，唯有俯下身子、亲和沟通，才会事半功倍。我相信，面对青春期叛逆，当我们读懂孩子内心的那一刻，就是赢得孩子的爱和尊重的时刻！

>>> 屈瑾瑾 · 中国人民大学附属中学西山学校

“我想有个家”

生长在富裕家庭的女生小华，平时在班里简直就像一个任性刁蛮、争强好胜、为所欲为的小公主。可令人不解的是，以她这样的年纪，她喜欢的不是蔡依林、周杰伦，而是颇富沧桑感的潘美辰，并且最喜欢她那首《我想有个家》。

带着几分好奇和对孩子的关爱，我尝试着走进她的心灵。一次次课后谈话，一次次随笔交流，让我对她的成长经历有了些许了解。可她真正对我敞开心扉，始于那次她得了急性肠胃炎。

一天放学前，班里突然发生一阵骚动。只见小华趴在书桌上，捂着肚子，面色惨白，衣服已被汗水浸透，情况十分危急。见状我立即开车送她去医院，并在办理好急诊手续后打电话通知她父母。结果，她父亲说在北京见客户，赶不回来；她母亲则说正在马尔代夫度假。原来，平时只有年近古稀的奶奶与她“相依为命”。

待小华输完液已是夜里 12 点多，我在征得她奶奶同意后把她带到我家里住。

那天晚上，在我保证不向任何人透露她父母离异的前提下，小华向我哭诉道：“老师，您知道吗？别人都很羡慕我衣食无忧，是天底下最幸福的孩子。但有谁知道，父母在我上小学时就分居了，只是怕影响我小升初，所以拖到现在才离婚。除夕夜，本应是全家团圆的日子，可三年来每一个除夕夜，不是妈妈去国外，就是爸爸有应酬，只有我和奶奶在两百平方米的家里。对了，这不能叫家，充其量只能算是屋子。除夕夜，我关掉所有的灯，上网聊一个通宵，哭一个通宵。我不知道我是在发泄什么，还是在报复什么。钱有什么用？它能换来妈妈吗？它能留住爸爸吗？我最好的网友丫丫姐已经离我而去了，另一个网友又是胃癌晚期，我感觉生命是那么脆弱，活着是那么痛苦。有时候，我真的好想离开这个世界，一个人，静静地……唉，我何时才能再拥有一个完整的家？！”

静静听完小华的哭诉，我知道她现在最需要的是来自师长的安慰。于是我语重心长地对她说：“傻孩子，你怎么会有这种想法？你可知道有多少人在关心和帮助你吗？刚才班里同学都强烈要求去医院陪你，平日里数学老师总是千方百计想着帮助你，英语和语文老师更是不放过任何机会夸奖、鼓励你。俗话说‘滴水之恩当涌泉相报’，你对大家最好的回报就是坚强地活下去，在学习中迎头赶上，在生活中处理好人际关系，做一个优秀、懂事的好学生。从现在开始，老师的家门永远为你敞开，如果你愿意，就把这里当成你的家。”

这次倾心相谈后，我分别同小华的父母通了电话：“作为老师，我没有权利要求你们做什么，但是我真的希望你们在繁忙的工作之余能够多陪陪孩子，她比其他孩子更需要关爱与呵护，更需要家庭的温暖。”

如今，小华已到加拿大留学。留学期间，她不但学会了自理，能够自立自强，而且成绩优异，还拿到了奖学金。在信件往来中，我深深地感到她整个人阳光了很多，也成熟了很多。

一天，她在 QQ 里对我说：“胡老师，我永远也不会忘记在您家里的那个夜晚！是您让我知道原来身边一直有那么多人在关心我，而我却把心锁进自己编织的套子里，事事以自我为中心，从来没有想过别人的感受，总觉得天底下自己是最痛苦的，就连家庭也希望是最完美的。现在我想通了，如果我硬把爸妈拉到一起，三个人都会痛苦。现在他们各自有了新家，两对爸爸妈妈对我都很好，我还‘赚了’呢，哈哈！”

看来，经历种种磨砺之后，小华真的长大了。

在这样一个单亲家庭逐年增多的时代，班主任任重而道远。因此，我们不能只是一个冷眼旁观者、知识布道者，而应该身体力行，率先垂范，为孩子保驾护航，引领、帮助他们寻找心灵的港湾。

>>> 胡笑梅 · 江苏省苏州市第十六中学

图书在版编目（CIP）数据

更好的学生教育策略 / 赵福江主编. --上海：上海教育出版社，2021.8（2022. 8 重印）
ISBN 978-7-5720-1107-8

Ⅰ. ①更… Ⅱ. ①赵… Ⅲ. ①中小学生—后进生—教育—研究 Ⅳ. ①G635.5

中国版本图书馆 CIP 数据核字（2021）第 158950 号

策　　划 源创图书
责任编辑 董　洪
特约编辑 杨　霞　张万珠
责任印制 梁燕青
装帧设计 许　扬

Genghao De Xuesheng Jiaoyu Celüe
更好的学生教育策略
赵福江　主编

出版发行 上海教育出版社有限公司
官　　网 www.seph.com.cn
地　　址 上海市闵行区号景路159弄C座
邮　　编 201101
印　　刷 北京华宇信诺印刷有限公司
开　　本 710×1000　1/16　印张 12.5　插页 1
字　　数 180 千字
版　　次 2021 年 9 月第 1 版
印　　次 2022 年 8 月第 2 次印刷
印　　数 6，001—9，000 本
书　　号 ISBN 978-7-5720-1107-8/G・0866
定　　价 58.00元